Deep State Control

Deep State Control

Austin Barlow

CONTENTS

Isenção de responsabilidade

O conteúdo apresentado neste livro, **"Deep State Control: Unveiling the Hidden Network Shaping Global Policies,"** é destinado apenas para fins informativos e educacionais. As teorias, interpretações e opiniões expressas aqui são do autor e não refletem necessariamente as visões de nenhuma organização, instituição ou indivíduo específico.

Embora todos os esforços tenham sido feitos para garantir a precisão e confiabilidade das informações fornecidas, o autor e o editor não fazem representações ou garantias quanto à integridade, precisão ou confiabilidade do conteúdo. Os leitores são encorajados a avaliar criticamente as informações e conduzir suas próprias pesquisas para formar suas próprias conclusões.

Este livro explora várias teorias da conspiração, eventos históricos e narrativas políticas, algumas das quais são especulativas por natureza. A inclusão desses tópicos não é um endosso de nenhuma teoria ou ponto de vista em particular. O autor e a editora não defendem ou apoiam nenhuma forma de desinformação, desinformação ou teorias da conspiração.

O livro não tem a intenção de fornecer aconselhamento jurídico, financeiro ou profissional. Os leitores devem procurar o aconselhamento de profissionais qualificados para preocupações ou questões específicas relacionadas aos tópicos discutidos.

O autor e a editora se isentam de qualquer responsabilidade por quaisquer danos diretos, indiretos, incidentais ou consequentes decorrentes do uso ou confiança nas informações contidas neste livro. O leitor assume total responsabilidade pelo uso das informações e quaisquer ações tomadas com base nelas.

Ao ler este livro, você reconhece e concorda com este aviso. Obrigado por sua compreensão e por se envolver com o conteúdo de forma pensada e crítica.

Introdução: Compreendendo o Estado Profundo

Visão geral do conceito

O termo "Deep State" se tornou uma parte significativa do discurso político contemporâneo, frequentemente evocando imagens de figuras obscuras operando nos bastidores para manipular políticas e ações governamentais. Mas o que exatamente esse termo significa e de onde ele veio?

Em sua essência, o "Estado Profundo" se refere a uma rede clandestina de funcionários governamentais não eleitos, agências de inteligência e entidades poderosas que supostamente trabalham juntas para controlar políticas nacionais e globais, independentemente da agenda do governo eleito. Esse conceito sugere que há uma camada oculta de poder dentro do governo que opera independentemente, e frequentemente em oposição, à administração voltada ao público.

As origens do termo "Deep State" podem ser rastreadas até a Turquia na década de 1990, onde era usado para descrever uma rede de oficiais militares e seus aliados que se acreditava estarem influenciando secretamente a política do país. Com o tempo, o termo foi adotado por vários comentaristas políticos e teóricos da conspiração ao redor do mundo para descrever fenômenos semelhantes em outros países, incluindo os Estados Unidos.

No contexto americano, o Deep State é frequentemente retratado como uma coalizão de burocratas de carreira, oficiais de inteligência, líderes militares e figuras empresariais influentes que supostamente trabalham juntos para manter seu poder e influência. Acredita-se que essa rede opere por meio de uma combinação de ações secretas, manipulação da mídia e controle econômico, tudo visando direcionar as políticas governamentais em uma direção que beneficie seus interesses.

Crenças comuns associadas ao Deep State incluem a ideia de que essa rede oculta é responsável por grandes eventos e decisões políticas, muitas vezes trabalhando contra os interesses do público em geral . Os defensores da teoria do Deep State argumentam que essa rede tem a capacidade de manipular eleições, controlar a narrativa da mídia e influenciar políticas econômicas para servir a seus próprios fins [4]. Eles alegam que o Deep State opera com um alto grau de sigilo, dificultando que o público descubra sua verdadeira natureza e extensão.

O propósito deste livro é aprofundar-se no conceito de Deep State, explorando suas origens, principais participantes, mecanismos de controle e o impacto que ele tem nas políticas nacionais e globais. Ao examinar eventos históricos, estudos de caso e exemplos modernos, pretendemos fornecer uma compreensão abrangente dessa teoria controversa e suas implicações para a democracia e a governança.

Ao embarcarmos nessa jornada, é essencial abordar o assunto com uma mente aberta e um olhar crítico. Embora a ideia de um Estado Profundo possa parecer absurda para alguns, é importante considerar as evidências e os argumentos apresentados pelos proponentes e críticos da teoria. Por meio dessa exploração, esperamos lançar luz sobre a dinâmica complexa e frequentemente oculta que molda nosso mundo, encorajando os leitores a pensar criticamente sobre as forças em jogo nos bastidores.

Contexto histórico

O conceito de um governo oculto dentro do governo não é novo. Ao longo da história, várias sociedades abrigaram suspeitas de grupos secretos exercendo poder nos bastidores. Essas suspeitas foram frequentemente alimentadas por períodos de turbulência política, convulsão social e rápida mudança tecnológica.

Menções Iniciais : A ideia de uma estrutura de poder oculta pode ser rastreada até os tempos antigos. Em muitas civilizações antigas, havia rumores de conselhos secretos ou conselheiros obscuros que influenciavam as decisões de reis e imperadores. Essas menções iniciais estabeleceram as bases para o conceito moderno do Estado Profundo, sugerindo que a noção de poder oculto está profundamente enraizada na história humana.

Era da Guerra Fria : A era da Guerra Fria, que abrangeu do final da década de 1940 ao início da década de 1990, aumentou significativamente as suspeitas de operações secretas do governo. Durante esse período, os Estados Unidos e a União Soviética estavam envolvidos em uma luta global por domínio, levando a uma expansão sem precedentes de agências de inteligência e operações secretas. A criação da Agência Central de Inteligência (CIA) em 1947 e da Agência de Segurança Nacional (NSA) em 1952 marcou o início de uma era em que a coleta de inteligência e ações secretas se tornaram centrais para as estratégias de segurança nacional.

A Guerra Fria também viu a ascensão do complexo militar-industrial, um termo popularizado pelo presidente Dwight D. Eisenhower em seu discurso de despedida de 1961. Eisenhower alertou sobre a crescente influência de uma poderosa coalizão de líderes militares e contratantes de defesa que poderiam potencialmente exercer influência indevida sobre as políticas governamentais. Este aviso ressoou com o público e contribuiu para a percepção de que uma rede oculta de poder estava operando nos bastidores.

Desenvolvimentos Pós-Guerra Fria : O fim da Guerra Fria não diminuiu as suspeitas de atividades secretas do governo. Em vez disso, novos desafios globais e avanços tecnológicos deram origem a novas preocupações. A década de 1990 viu o surgimento do termo "Estado Profundo" na Turquia, onde foi usado para descrever uma rede de oficiais militares e seus aliados civis que se acreditava estarem influenciando secretamente a política do país. Este conceito se espalhou rapidamente para outras partes do mundo, incluindo os Estados Unidos.

Contexto Moderno : Na era moderna, a teoria do Estado Profundo ganhou força significativa, particularmente no contexto de grandes eventos e controvérsias políticas. O assassinato do presidente John F. Kennedy em 1963, o escândalo Watergate na década de 1970 e as revelações de vigilância generalizada por Edward Snowden em 2013 são apenas alguns exemplos de eventos que alimentaram suspeitas de um governo oculto. Esses eventos levaram muitos a acreditar que há uma rede clandestina de poder operando independentemente do governo eleito.

A ascensão da internet e das mídias sociais ampliou ainda mais a teoria do Estado Profundo. Plataformas online tornaram mais fácil a disseminação de teorias da conspiração, permitindo que os proponentes compartilhassem suas ideias com um público global. Isso levou a uma proliferação de narrativas do Estado Profundo, cada uma com sua própria interpretação de quem está envolvido e quais são seus objetivos finais.

Em resumo, o contexto histórico da teoria do Deep State revela uma suspeita de longa data de estruturas de poder ocultas. De antigos sussurros de conselhos secretos a alegações modernas de operações governamentais secretas, a ideia de um Deep State evoluiu ao longo do tempo, moldada por mudanças políticas, sociais e tecnológicas. Entender esse contexto histórico é crucial para explorar a teoria em profundidade e examinar suas implicações para a sociedade contemporânea.

Propósito do livro

O objetivo deste livro, "Deep State Control", é mergulhar na intrincada e frequentemente controversa teoria do Deep State, explorando suas origens, principais participantes, mecanismos de controle e o profundo impacto que ele tem nas políticas nacionais e globais. Ao examinar eventos históricos, estudos de caso e exemplos modernos, este livro visa fornecer uma compreensão abrangente desta teoria e suas implicações para a democracia e a governança.

Objetivo : O objetivo principal deste livro é oferecer uma exploração completa da teoria do Deep State. Isso envolve dissecar os vários elementos que constituem o Deep State, desde funcionários do governo e agências de inteligência até poderosas corporações e entidades financeiras. Ao fazer isso, o livro busca lançar luz sobre as dinâmicas ocultas que muitos acreditam moldar nosso mundo nos bastidores. Esta exploração não se trata apenas de apresentar fatos e números, mas também de entender as motivações e ações daqueles supostamente envolvidos no Deep State.

Escopo : O escopo deste livro é amplo, abrangendo uma ampla gama de tópicos relacionados à teoria do Estado Profundo. Ele cobrirá o contexto histórico da teoria, traçando suas raízes e evolução ao longo do tempo. O livro também se aprofundará nos principais participantes e instituições frequentemente implicados nas narrativas do Estado Profundo, como a CIA, FBI, NSA e entidades corporativas influentes. Além disso, ele explorará os mecanismos de controle supostamente empregados pelo Estado Profundo, incluindo manipulação da mídia, influência econômica e manipulação política. Ao cobrir essas áreas, o livro visa fornecer uma visão holística da teoria do Estado Profundo.

Metodologia : Para atingir seu objetivo, este livro emprega uma metodologia rigorosa que inclui extensa pesquisa, entrevistas e análises. O componente de pesquisa envolve uma revisão completa da literatura existente sobre a teoria do Estado Profundo, incluindo livros, artigos e trabalhos acadêmicos. Entrevistas com especialistas, denunciantes e indivíduos com conhecimento privilegiado fornecerão relatos e insights em primeira mão. A análise envolverá o exame crítico das evidências e argumentos apresentados por proponentes e críticos da teoria do Estado Profundo. Essa abordagem multifacetada garante que o livro seja completo e fundamentado em fontes confiáveis.

Jornada do Leitor : Os leitores que embarcarem nesta jornada podem esperar obter uma compreensão mais profunda da teoria do Estado Profundo e suas implicações. O livro foi criado para ser acessível a um público amplo, desde aqueles com interesse casual em teorias da conspiração até acadêmicos e pesquisadores que buscam uma análise abrangente. Cada capítulo se baseia no anterior, desvendando gradualmente a complexa teia do Estado Profundo. Ao final do livro, os leitores terão uma perspectiva diferenciada da teoria, equipados com o conhecimento para avaliar criticamente sua validade e impacto.

Em resumo, o propósito de "Deep State Control" é fornecer uma exploração detalhada e equilibrada da teoria do Deep State. Ao examinar suas origens, principais participantes, mecanismos de controle e impacto, o livro visa oferecer aos leitores uma compreensão abrangente desse conceito controverso. Por meio de pesquisas rigorosas, entrevistas e análises, o livro busca iluminar a dinâmica oculta que muitos acreditam moldar nosso mundo, encorajando os leitores a pensar criticamente sobre as forças em jogo nos bastidores.

Relevância para eventos atuais

O conceito de Deep State ganhou força significativa nos últimos anos, particularmente no contexto de grandes eventos e controvérsias políticas. Esta seção explora como exemplos recentes, influência da mídia, percepção pública e impacto político trouxeram a teoria do Deep State para o discurso mainstream.

Exemplos recentes : Vários eventos de alto perfil alimentaram a teoria do Estado Profundo, reforçando a crença de que uma rede oculta de poder opera nos bastidores. Um desses eventos é a eleição presidencial dos EUA de 2016, onde alegações de interferência e manipulação por agências de inteligência e outras entidades foram desenfreadas. Os apoiadores do então candidato Donald Trump frequentemente alegavam que o Estado Profundo estava trabalhando para minar sua campanha e, mais tarde, sua presidência. Essas alegações foram ainda mais amplificadas pela investigação sobre a interferência russa na eleição, que muitos viram como evidência de um esforço secreto para controlar os resultados políticos.

Outro evento significativo é a pandemia da COVID-19. A rápida disseminação do vírus e as respostas governamentais subsequentes levaram a especulações generalizadas sobre o papel do Deep State. Teorias da conspiração surgiram, sugerindo que a pandemia foi orquestrada ou explorada pelo Deep State para expandir o controle governamental e a influência sobre a população. Essas teorias foram frequentemente alimentadas por desinformação e desconfiança em narrativas oficiais, destacando a influência generalizada do conceito de Deep State em tempos de crise.

Influência da mídia : O papel da mídia na formação da percepção pública do Estado Profundo não pode ser exagerado. Os meios de comunicação tradicionais, assim como as plataformas de mídia social, desempenharam um papel crucial na disseminação e amplificação das narrativas do Estado Profundo. A cobertura jornalística de escândalos políticos, vazamentos de inteligência e ações governamentais frequentemente inclui referências ao Estado Profundo, direta ou indiretamente. Essa cobertura pode criar um senso de legitimidade em torno da teoria, tornando-a mais plausível para o público em geral .

A mídia social , em particular, tem sido uma ferramenta poderosa para disseminar teorias do Estado Profundo. Plataformas como Twitter, Facebook e YouTube permitem que indivíduos compartilhem suas visões e se conectem com pessoas com ideias semelhantes, criando câmaras de eco onde essas teorias podem prosperar. A natureza viral da mídia social significa que as narrativas do Estado Profundo podem atingir um público amplo rapidamente, muitas vezes sem o escrutínio que a mídia tradicional pode aplicar. Isso levou a uma proliferação de conteúdo do Estado Profundo, variando de análises detalhadas a alegações sensacionalistas.

Percepção Pública : A teoria do Estado Profundo influenciou significativamente a percepção pública do governo e a confiança nas instituições. Pesquisas e levantamentos indicam que uma parcela substancial da população acredita na existência de um Estado Profundo, refletindo uma desconfiança profunda em funcionários e agências governamentais. Essa desconfiança geralmente está enraizada em eventos históricos em que as ações do governo foram percebidas como secretas ou enganosas, como o escândalo Watergate ou as revelações de vigilância generalizada por Edward Snowden.

A crença em um Estado Profundo pode levar a uma sensação de desempoderamento entre o público, pois as pessoas sentem que seus representantes eleitos não estão realmente no controle. Essa percepção pode corroer a confiança em processos e instituições democráticas, tornando mais desafiador alcançar consenso e cooperação em questões importantes. Também contribui para um clima político polarizado, onde os indivíduos são mais propensos a ver pontos de vista opostos como parte de uma agenda oculta em vez de diferenças legítimas de opinião.

Impacto político : A teoria do Deep State teve um impacto profundo nos movimentos políticos e na retórica populista. Políticos e líderes políticos frequentemente invocam o Deep State para angariar apoio e desacreditar seus oponentes. Por exemplo, durante sua presidência, Donald Trump frequentemente se referia ao Deep State como uma forma de explicar a oposição às suas políticas e ações. Essa retórica ressoou com seus apoiadores, que a viram como uma confirmação de suas suspeitas sobre uma rede oculta de poder.

Movimentos populistas ao redor do mundo também adotaram a teoria do Estado Profundo, usando-a para enquadrar suas lutas como batalhas contra uma elite entrincheirada e corrupta. Essa narrativa pode ser uma ferramenta poderosa para mobilizar apoio, pois explora frustrações e medos existentes sobre o alcance excessivo do governo e a falta de responsabilização. No entanto, também pode aprofundar divisões e minar esforços para abordar desafios sociais complexos por meio de diálogo construtivo e cooperação.

Em resumo, a relevância da teoria do Deep State para os eventos atuais é evidente na maneira como ela molda a percepção pública, a cobertura da mídia e o discurso político. Ao examinar exemplos recentes, a influência da mídia, a percepção pública e o impacto político, podemos entender melhor a natureza penetrante e frequentemente polarizadora dessa teoria na sociedade contemporânea.

Pensamento Crítico e Ceticismo

Ao explorar o conceito de Deep State, é crucial enfatizar a importância do pensamento crítico e do ceticismo informado. Essas ferramentas são essenciais para navegar nas águas complexas e frequentemente turvas das teorias da conspiração, garantindo que abordamos o assunto com uma perspectiva equilibrada e racional.

Importância do pensamento crítico : O pensamento crítico envolve a análise e avaliação objetivas de uma questão para formar um julgamento. Ele exige que questionemos suposições, avaliemos evidências e consideremos explicações alternativas. Quando se trata da teoria do Estado Profundo, o pensamento crítico nos ajuda a distinguir entre informações confiáveis e alegações infundadas. Ele nos encoraja a olhar além das manchetes sensacionalistas e nos aprofundar nos fatos e no contexto subjacentes.

Um dos principais aspectos do pensamento crítico é a capacidade de reconhecer vieses cognitivos que podem distorcer nossa percepção da realidade. Por exemplo, o viés de confirmação nos leva a favorecer informações que confirmam nossas crenças preexistentes, enquanto desconsideramos evidências que as contradizem. Ao estarmos cientes de tais vieses, podemos nos esforçar para abordar a teoria do Deep State com uma mente aberta, dispostos a considerar múltiplos pontos de vista e evidências.

Verificação de fatos : Em uma era em que a desinformação pode se espalhar rapidamente, a verificação de fatos é mais importante do que nunca. A verificação de fatos envolve verificar a precisão das informações antes de aceitá-las como verdadeiras. Esse processo é essencial ao examinar a teoria do Estado Profundo, pois nos ajuda a separar os fatos da ficção. Organizações confiáveis de verificação de fatos e fontes confiáveis de informações desempenham um papel vital nesse processo.

Ao avaliar alegações relacionadas ao Deep State, é importante considerar a fonte da informação. Fontes respeitáveis, como organizações de notícias estabelecidas, instituições acadêmicas e análises de especialistas, têm mais probabilidade de fornecer informações precisas e bem pesquisadas. Por outro lado, fontes que não têm transparência ou têm um histórico de disseminação de desinformação devem ser abordadas com cautela.

Perspectiva equilibrada : Uma perspectiva equilibrada envolve considerar tanto os argumentos a favor quanto contra a teoria do Deep State. Embora seja importante reconhecer as preocupações e evidências apresentadas pelos proponentes da teoria, é igualmente importante considerar os contra-argumentos e críticas. Essa abordagem equilibrada nos ajuda a evitar cair na armadilha do pensamento unilateral e permite uma compreensão mais matizada da questão.

Críticos da teoria do Deep State frequentemente argumentam que ela simplifica demais dinâmicas políticas e sociais complexas. Eles apontam que ações e políticas governamentais são tipicamente o resultado de uma infinidade de fatores, incluindo opinião pública, condições econômicas e relações internacionais. Ao considerar essas explicações alternativas, podemos desenvolver uma visão mais abrangente das forças que moldam nosso mundo.

Encorajando o ceticismo informado : O ceticismo informado envolve questionar alegações e buscar evidências antes de aceitá-las como verdadeiras. É uma abordagem saudável que nos impede de sermos facilmente influenciados por afirmações sensacionalistas ou infundadas. No contexto da teoria do Deep State, o ceticismo informado nos encoraja a avaliar criticamente as evidências e considerar as motivações por trás das alegações que estão sendo feitas.

O ceticismo deve ser aplicado consistentemente a todos os lados de um argumento. Isso significa não apenas questionar as alegações dos proponentes do Deep State, mas também examinar criticamente os contra-argumentos apresentados pelos céticos. Ao fazer isso, podemos evitar as armadilhas do ceticismo seletivo, onde questionamos apenas as informações que desafiam nossas crenças, enquanto aceitamos acriticamente as informações que as apoiam.

Conclusão : À medida que nos aprofundamos no conceito do Estado Profundo, é essencial manter o pensamento crítico e o ceticismo informado na vanguarda da nossa exploração. Essas ferramentas nos permitem navegar pelas complexidades da teoria com uma perspectiva equilibrada e racional, garantindo que abordamos o assunto com uma mente aberta e um compromisso de buscar a verdade. Ao fazer isso, podemos entender melhor as forças em jogo nos bastidores e fazer julgamentos informados sobre a validade e as implicações da teoria do Estado Profundo.

1

Capítulo 1: As origens da teoria do estado profund

Primeiras menções e raízes históricas

O conceito de uma estrutura de poder oculta influenciando as decisões de governantes e governos não é novo. Ao longo da história, várias sociedades abrigaram suspeitas de grupos secretos exercendo poder nos bastidores. Essas suspeitas foram frequentemente alimentadas por períodos de turbulência política, convulsão social e rápida mudança tecnológica.

Civilizações Antigas : A ideia de uma estrutura de poder oculta pode ser rastreada até os tempos antigos. Na Roma antiga, por exemplo, havia rumores de conselhos secretos e conselheiros que influenciavam as decisões dos imperadores. O Senado Romano, embora fosse uma instituição pública, frequentemente operava a portas fechadas, tomando decisões que moldavam o futuro do império. Da mesma forma, na Grécia antiga, o conceito de "Areópago" – um conselho de anciãos – tinha influência significativa sobre as decisões políticas, frequentemente operando em segredo.

Na China antiga, o conceito de "Mandato do Céu" sugeria que os governantes eram escolhidos por forças divinas, mas também se acreditava que conselheiros secretos e eunucos dentro da corte imperial detinham poder substancial, frequentemente manipulando o imperador para seus próprios fins. Essas primeiras menções lançaram as bases para o conceito moderno de Estado Profundo, sugerindo que a noção de poder oculto está profundamente arraigada na história humana.

Períodos Medieval e Renascentista : Durante o período medieval, a influência de sociedades secretas e conselhos tornou-se mais pronunciada. Na Europa medieval, acreditava-se que os Cavaleiros Templários, uma ordem militar poderosa e secreta, exerciam influência significativa sobre assuntos políticos e econômicos. Sua riqueza e conexões permitiam que operassem nos bastidores, moldando o curso da história de maneiras que nem sempre eram visíveis ao público.

O período renascentista viu a ascensão de famílias poderosas, como os Médici na Itália, que usaram sua riqueza e influência para controlar decisões políticas. A família Médici, por meio de seu império bancário, teve um impacto profundo na política de Florença e além, frequentemente operando por meios secretos. Este período também viu o surgimento do conceito de "raison d'état" (razão de estado), que justificava o uso de métodos secretos e às vezes antiéticos para atingir objetivos políticos.

História Moderna Inicial : O Iluminismo e a ascensão dos estados-nação trouxeram novas formas de governança e dinâmicas de poder secretas. O estabelecimento de governos centralizados e burocracias criou oportunidades para o surgimento de redes ocultas de influência. No século XVIII, os Illuminati da Baviera, uma sociedade secreta fundada por Adam Weishaupt, visava influenciar decisões políticas e promover os ideais do Iluminismo. Embora os Illuminati tenham durado pouco, seu legado contribuiu para o fascínio duradouro por sociedades secretas e estruturas de poder ocultas.

O século XIX viu a ascensão de poderosos industriais e financistas que exerceram influência significativa sobre os governos. Figuras como JP Morgan e John D. Rockefeller usaram seu poder econômico para moldar decisões políticas, muitas vezes operando nos bastidores. O conceito de "barões ladrões" surgiu durante esse período, destacando o conluio percebido entre elites ricas e funcionários do governo.

Em resumo, as raízes históricas da teoria do Deep State revelam uma suspeita de longa data de estruturas de poder ocultas. De antigos sussurros de conselhos secretos à influência de sociedades secretas medievais e renascentistas, a ideia de um Deep State evoluiu ao longo do tempo, moldada por mudanças políticas, sociais e tecnológicas. Entender essas primeiras menções e raízes históricas é crucial para explorar a teoria em profundidade e examinar suas implicações para a sociedade contemporânea.

O Nascimento das Agências de Inteligência Modernas

O estabelecimento de agências de inteligência modernas marcou um ponto de virada significativo na história das operações secretas e atividades governamentais secretas. Essas agências, nascidas da necessidade durante tempos de conflito global, tornaram-se centrais para a narrativa do Deep State. Sua criação e evolução alimentaram suspeitas de um governo oculto operando nos bastidores, manipulando eventos e políticas para servir a seus próprios interesses.

Primeira e Segunda Guerra Mundial : As origens das agências de inteligência modernas podem ser rastreadas até o início do século XX, particularmente durante as duas Guerras Mundiais. A Primeira Guerra Mundial viu a formação do Serviço Secreto de Inteligência Britânico (SIS), comumente conhecido como MI6, em 1909. O MI6 foi encarregado de reunir inteligência sobre potências estrangeiras, um papel que se tornou cada vez mais crucial conforme a guerra progredia. O sucesso do MI6 em fornecer inteligência valiosa estabeleceu um precedente para o estabelecimento de agências semelhantes em outros países.

A Segunda Guerra Mundial acelerou ainda mais o desenvolvimento de agências de inteligência. Os Estados Unidos, reconhecendo a necessidade de um esforço de inteligência coordenado, estabeleceram o Office of Strategic Services (OSS) em 1942. O OSS era responsável por espionagem, sabotagem e outras operações secretas atrás das linhas inimigas. Suas atividades durante a guerra lançaram as bases para a criação da Central Intelligence Agency (CIA) em 1947. A CIA foi estabelecida sob o National Security Act, que visava centralizar e agilizar os esforços de inteligência dos EUA diante de ameaças globais emergentes.

Era da Guerra Fria : A era da Guerra Fria, que abrangeu do final dos anos 1940 ao início dos anos 1990, foi um período de intensa rivalidade entre os Estados Unidos e a União Soviética. Essa luta geopolítica levou à expansão e consolidação de agências de inteligência de ambos os lados. Nos Estados Unidos, a CIA e a recém-formada Agência de Segurança Nacional (NSA) desempenharam papéis essenciais na coleta de inteligência e na condução de operações secretas.

A CIA , em particular, tornou-se sinônimo de atividades clandestinas. Suas operações variavam de derrubar governos estrangeiros a conduzir vigilância sobre supostos comunistas dentro dos Estados Unidos. O envolvimento da agência em eventos como o golpe de 1953 no Irã e a invasão da Baía dos Porcos em Cuba em 1961 alimentou suspeitas de um governo oculto manipulando eventos globais. A NSA, criada em 1952, focava em inteligência de sinais (SIGINT) e vigilância eletrônica, expandindo ainda mais o alcance das capacidades de inteligência dos EUA.

Do lado soviético, a KGB (Comitê de Segurança do Estado) foi criada em 1954, consolidando várias funções de inteligência e segurança sob uma organização. A KGB era responsável pela inteligência doméstica e estrangeira, e suas atividades incluíam espionagem, contrainteligência e repressão política. A rivalidade entre a CIA e a KGB se tornou uma característica definidora da Guerra Fria, com ambas as agências se envolvendo em um jogo de alto risco de espionagem e operações secretas.

Operações secretas : A era da Guerra Fria viu inúmeras operações secretas conduzidas por agências de inteligência, muitas das quais permanecem envoltas em segredo. Essas operações frequentemente envolviam manipulação de eventos políticos, apoio a insurgências e condução de guerra psicológica. O envolvimento da CIA na Operação Gladio, uma iniciativa clandestina da OTAN para combater a influência comunista na Europa, é um exemplo disso. A operação envolveu apoio a grupos paramilitares de direita e condução de operações de bandeira falsa para desacreditar movimentos de esquerda.

Outro exemplo notável é o programa MKUltra da CIA , que visava desenvolver técnicas de controle mental por meio do uso de drogas e manipulação psicológica. O programa, que começou na década de 1950, envolveu experimentos antiéticos em sujeitos inconscientes e continua sendo um dos episódios mais controversos da história da agência. Essas operações secretas, frequentemente conduzidas sem supervisão ou responsabilização, contribuíram para a percepção de um Estado Profundo operando além do alcance das instituições democráticas.

Em resumo, o nascimento de agências de inteligência modernas durante as Guerras Mundiais e sua expansão durante a Guerra Fria desempenharam um papel crucial na formação da narrativa do Estado Profundo. O estabelecimento de agências como a CIA, NSA e KGB, juntamente com seu envolvimento em operações secretas, alimentou suspeitas de um governo oculto manipulando eventos nos bastidores. Entender as origens e a evolução dessas agências é essencial para explorar a teoria do Estado Profundo em profundidade.

O Complexo Militar-Industrial

O conceito de complexo militar-industrial é uma pedra angular na narrativa do Deep State. Ele se refere ao relacionamento próximo entre os militares de uma nação, seu governo e as indústrias que fornecem equipamentos e serviços militares. Esse relacionamento é frequentemente visto como uma rede poderosa e secreta que influencia as políticas e decisões nacionais, frequentemente em detrimento dos processos democráticos e dos interesses públicos.

Aviso de Eisenhower : O termo "complexo militar-industrial" foi popularizado pelo presidente Dwight D. Eisenhower em seu discurso de despedida em 17 de janeiro de 1961. Em seu discurso, Eisenhower alertou sobre a crescente influência desse complexo, alertando que a conjunção de um imenso estabelecimento militar e uma grande indústria de armas era nova na experiência americana. Ele enfatizou que essa combinação tinha o potencial de exercer influência indevida sobre a política nacional, potencialmente levando a uma distorção de prioridades e a uma perda de controle democrático.

O aviso de Eisenhower foi significativo porque veio de um antigo general cinco estrelas que serviu como Comandante Supremo das Forças Expedicionárias Aliadas na Europa durante a Segunda Guerra Mundial. Seus insights sobre o funcionamento dos militares e sua relação com a indústria deram peso considerável às suas preocupações. Ele pediu vigilância e uma abordagem equilibrada para garantir que o complexo militar-industrial não minasse a governança democrática.

Contratantes de Defesa e Lobistas : O complexo militar-industrial é caracterizado pelos laços estreitos entre contratantes de defesa, lobistas e funcionários do governo. Contratantes de defesa, como Lockheed Martin, Boeing e Raytheon, desempenham um papel crucial no fornecimento de tecnologia e armamento avançados aos militares. Essas empresas têm participações financeiras significativas na manutenção e expansão de orçamentos militares, levando-as a exercer considerável influência sobre os formuladores de políticas.

Lobistas que representam contratantes de defesa trabalham incansavelmente para garantir contratos governamentais e influenciar a legislação que beneficia seus clientes. Eles frequentemente empregam ex-oficiais militares e funcionários do governo que têm conhecimento interno e conexões, criando uma porta giratória entre os militares, o governo e a indústria privada. Esse fenômeno de porta giratória levanta preocupações sobre conflitos de interesse e o potencial de decisões políticas serem motivadas por motivos de lucro em vez de necessidades de segurança nacional.

Guerra do Vietnã e Além : A Guerra do Vietnã é um excelente exemplo de como o complexo militar-industrial pode moldar a política nacional. O conflito prolongado, que durou de 1955 a 1975, viu um aumento massivo nos gastos militares e na implantação de armamento avançado. Os críticos argumentam que a guerra foi prolongada, em parte, devido aos interesses dos contratantes de defesa que lucraram com o conflito em andamento.

A influência do complexo militar-industrial não terminou com a Guerra do Vietnã. Conflitos subsequentes, como a Guerra do Golfo, a Guerra do Iraque e a Guerra do Afeganistão, também foram marcados pelo envolvimento significativo de contratantes de defesa. Essas empresas forneceram tudo, desde armas e veículos até suporte logístico e serviços de segurança privada. A privatização de funções militares confundiu ainda mais as linhas entre interesses públicos e privados, levantando questões sobre responsabilidade e transparência.

Influência econômica e política : O complexo militar-industrial exerce considerável influência econômica e política. A indústria de defesa é uma grande empregadora, fornecendo empregos para milhões de pessoas e contribuindo significativamente para a economia. Esse impacto econômico dá aos contratantes de defesa uma alavancagem substancial sobre os formuladores de políticas, que podem relutar em cortar gastos militares devido a preocupações com perdas de empregos e repercussões econômicas.

Politicamente, o complexo militar-industrial tem uma presença poderosa de lobby em Washington, DC. Os contratados de defesa contribuem pesadamente para campanhas políticas e empregam lobistas para defender seus interesses. Essa influência se estende aos principais comitês do Congresso que supervisionam os gastos e as políticas de defesa, garantindo que os interesses do complexo militar-industrial sejam bem representados nas decisões legislativas.

Em resumo, o complexo militar-industrial é um componente crítico da narrativa do Deep State. O alerta de Eisenhower sobre seu potencial de exercer influência indevida sobre a política nacional continua relevante hoje. Os laços estreitos entre contratantes de defesa, lobistas e funcionários do governo, juntamente com o poder econômico e político da indústria de defesa, contribuem para a percepção de uma rede oculta manipulando eventos nos bastidores. Entender o complexo militar-industrial é essencial para explorar o conceito mais amplo do Deep State e suas implicações para a democracia e a governança.

Escândalos políticos e desconfiança pública

Escândalos políticos desempenharam um papel significativo na formação de percepções públicas sobre o governo e no fomento da narrativa do Deep State. Esses escândalos frequentemente revelam operações ocultas, comportamento antiético e abusos de poder, levando a um declínio na confiança pública e à crença de que uma rede secreta está manipulando eventos nos bastidores.

Escândalo Watergate : O escândalo Watergate do início dos anos 1970 é um dos escândalos políticos mais infames da história americana. Começou com uma invasão na sede do Comitê Nacional Democrata no complexo de escritórios Watergate em Washington, DC, e eventualmente levou à renúncia do presidente Richard Nixon. O escândalo expôs uma ampla gama de atividades ilegais conduzidas por membros da administração Nixon, incluindo grampos telefônicos, roubos e tentativas de encobrir suas ações.

O escândalo Watergate teve um impacto profundo na confiança pública no governo. Revelou até que ponto os funcionários do governo podiam se envolver em atividades clandestinas e ilegais para manter o poder. As investigações subsequentes e a cobertura da mídia trouxeram à tona o funcionamento interno da administração, levando muitos a acreditar que havia forças ocultas em jogo. O legado do escândalo continua a influenciar as percepções de transparência e responsabilidade do governo.

Caso Irã-Contra : Outro escândalo político significativo que contribuiu para a narrativa do Estado Profundo foi o caso Irã-Contra da década de 1980. Este escândalo envolveu altos funcionários do governo Reagan facilitando secretamente a venda de armas para o Irã, que estava então sob embargo de armas, e usando os lucros para financiar rebeldes Contra na Nicarágua. A operação foi conduzida sem o conhecimento ou aprovação do Congresso, violando a lei dos EUA.

O caso Irã-Contra expôs até onde os funcionários do governo podiam ir para perseguir suas agendas, mesmo que isso significasse quebrar a lei e enganar o público. O escândalo levou a múltiplas investigações e condenações, corroendo ainda mais a confiança pública nas instituições governamentais. Reforçou a ideia de que uma rede oculta de funcionários poderia operar independentemente da supervisão democrática, manipulando eventos para seus próprios propósitos.

Era Pós-11/9 : Os eventos de 11 de setembro de 2001 e a subsequente Guerra ao Terror também contribuíram para a percepção de um Estado Profundo. Na esteira dos ataques de 11/9, o governo dos EUA implementou uma série de medidas destinadas a melhorar a segurança nacional, incluindo o Patriot Act, que expandiu as capacidades de vigilância e reduziu as liberdades civis. O estabelecimento do Departamento de Segurança Interna e o aumento do poder de agências de inteligência como a NSA alimentaram ainda mais as preocupações sobre o alcance excessivo do governo.

Revelações de delatores como Edward Snowden, que expôs a extensão dos programas de vigilância da NSA, reforçaram a crença de que o governo opera em segredo, muitas vezes sem conhecimento ou consentimento público. Essas revelações levaram a debates generalizados sobre privacidade, segurança e o equilíbrio de poder entre o governo e seus cidadãos. A percepção de que uma rede oculta está monitorando e controlando a população se tornou um tema central na narrativa do Deep State.

Desconfiança pública : Escândalos políticos e revelações de má conduta governamental contribuíram significativamente para a desconfiança pública nas instituições governamentais. Pesquisas e enquetes mostram consistentemente que uma grande parcela da população acredita que o governo não é transparente e que ele retém informações importantes do público. Essa desconfiança é frequentemente exacerbada pela cobertura da mídia sobre escândalos e pela disseminação de teorias da conspiração nas mídias sociais.

O declínio da confiança pública tem implicações de longo alcance para a democracia e a governança. Quando as pessoas acreditam que seu governo não está agindo em seus melhores interesses, elas são menos propensas a se envolver no processo político, votar ou apoiar políticas públicas. Essa erosão da confiança pode levar ao aumento da polarização, do cinismo e de uma sensação de desempoderamento entre os cidadãos.

Impacto na Narrativa do Estado Profundo : O acúmulo de escândalos políticos e a desconfiança pública resultante forneceram terreno fértil para a narrativa do Estado Profundo florescer. Cada nova revelação de má conduta governamental reforça a crença de que há uma rede oculta de poder operando nos bastidores. Essa narrativa é frequentemente usada por líderes políticos e movimentos populistas para reunir apoio e desacreditar seus oponentes, consolidando ainda mais a ideia de um Estado Profundo na consciência pública.

Em resumo, escândalos políticos como Watergate e o caso Irã-Contra, juntamente com as medidas de segurança pós-11/9, desempenharam um papel crucial na formação da narrativa do Deep State. Esses eventos expuseram operações ocultas e abusos de poder, levando a um declínio na confiança pública e à crença de que uma rede secreta está manipulando eventos nos bastidores. Entender o impacto desses escândalos é essencial para explorar o conceito mais amplo do Deep State e suas implicações para a democracia e a governança.

A ascensão da narrativa do Estado Profundo na cultura popular

O conceito de Deep State não só permeou o discurso político, mas também encontrou um lugar significativo na cultura popular. Por meio de livros, filmes, programas de televisão e mídias sociais, a narrativa de um governo oculto manipulando eventos nos bastidores foi refletida e amplificada, moldando a percepção pública e alimentando a ampla aceitação da teoria.

Livros e filmes : A literatura e o cinema há muito tempo são fascinados pela ideia de estruturas de poder secretas. Romances clássicos como "1984" de George Orwell e "Admirável Mundo Novo" de Aldous Huxley exploram temas de vigilância e controle do governo, ressoando com a narrativa do Estado Profundo. Esses contos distópicos, embora fictícios, destacam os perigos potenciais do poder descontrolado e influenciaram o pensamento público sobre a possibilidade de um governo oculto.

No reino do cinema, filmes como "The Manchurian Candidate" (1962) e "Three Days of the Condor" (1975) mergulham no mundo da espionagem e operações secretas, retratando agências de inteligência como entidades poderosas capazes de manipular eventos das sombras. Filmes mais recentes como "Enemy of the State" (1998) e "Snowden" (2016) continuam essa tradição, refletindo preocupações contemporâneas sobre vigilância e alcance governamental.

Programas de televisão : A televisão também desempenhou um papel crucial na popularização da narrativa do Estado Profundo. Programas como "The X-Files" (1993-2018) e "24" (2001-2010) retratam conspirações governamentais e operações secretas, cativando o público com sua representação de agendas ocultas e figuras obscuras. "The X-Files", em particular, tornou-se um fenômeno cultural, com seu slogan "The Truth Is Out There" encapsulando a essência da teoria do Estado Profundo.

Séries mais recentes como "House of Cards" (2013-2018) e "Homeland" (2011-2020) continuam a explorar temas de intriga política e operações secretas. Esses programas geralmente confundem as linhas entre ficção e realidade, baseando-se em eventos e escândalos do mundo real para criar narrativas convincentes que ressoam com as suspeitas dos espectadores sobre estruturas de poder ocultas.

Mídia e Mídias Sociais : A mídia tradicional e as mídias sociais têm sido fundamentais na disseminação e no reforço das narrativas do Estado Profundo. A cobertura jornalística de escândalos políticos, vazamentos de inteligência e ações governamentais frequentemente inclui referências ao Estado Profundo, direta ou indiretamente. Essa cobertura pode criar um senso de legitimidade em torno da teoria, tornando-a mais plausível para o público em geral .

Plataformas de mídia social como Twitter, Facebook e YouTube amplificaram o alcance das narrativas do Deep State, permitindo que indivíduos compartilhem suas visões e se conectem com pessoas com ideias semelhantes. A natureza viral da mídia social significa que o conteúdo do Deep State pode atingir rapidamente um público amplo, muitas vezes sem o escrutínio que a mídia tradicional pode aplicar. Isso levou a uma proliferação de teorias do Deep State, variando de análises detalhadas a alegações sensacionalistas.

Figuras públicas e teóricos da conspiração : Figuras públicas e teóricos da conspiração desempenharam um papel significativo em trazer a teoria do Estado Profundo para o discurso dominante. Políticos, comentaristas e influenciadores frequentemente invocam o Estado Profundo para explicar a oposição às suas agendas ou para angariar apoio. Por exemplo, durante sua presidência, Donald Trump frequentemente se referia ao Estado Profundo como uma forma de explicar a resistência às suas políticas e ações. Essa retórica ressoou com seus apoiadores, que a viram como uma confirmação de suas suspeitas sobre uma rede oculta de poder.

Teóricos da conspiração como Alex Jones e sites como Infowars também foram influentes na disseminação de narrativas do Deep State. Essas figuras frequentemente se apresentam como buscadores da verdade, expondo agendas ocultas e operações secretas. Seu conteúdo, embora frequentemente carente de evidências confiáveis, atrai aqueles que já são céticos em relação às narrativas tradicionais e à transparência governamental.

Impacto na Percepção Pública : A representação do Deep State na cultura popular teve um impacto profundo na percepção pública.

Ao apresentar a ideia de um governo oculto de maneiras convincentes e relacionáveis, livros, filmes, programas de televisão e mídias sociais tornaram o conceito mais acessível e crível. Esse reforço cultural contribuiu para a ampla aceitação da teoria do Deep State, moldando como as pessoas veem seu governo e o mundo ao seu redor.

Em resumo, a ascensão da narrativa do Deep State na cultura popular desempenhou um papel crucial na formação da percepção pública e no fomento da ampla aceitação da teoria. Por meio da literatura, cinema, televisão e mídia social, a ideia de um governo oculto manipulando eventos nos bastidores foi refletida e amplificada, tornando-se um tema central no discurso contemporâneo. Entender essa influência cultural é essencial para explorar o conceito mais amplo do Deep State e suas implicações para a sociedade.

Capítulo 2: Principais atores e instituições

Funcionários do Governo

A teoria do Deep State frequentemente implica altos funcionários do governo, burocratas de carreira e conselheiros influentes que se acredita operarem nos bastidores, moldando políticas e decisões independentemente da liderança eleita. Esta seção explora os papéis e a influência desses principais participantes dentro do governo.

Políticos de Alto Nível : Na vanguarda da narrativa do Estado Profundo estão políticos de alto nível, incluindo presidentes, primeiros-ministros e membros do gabinete. Esses indivíduos são frequentemente vistos como a face pública do governo, mas a teoria sugere que suas ações e decisões são fortemente influenciadas, se não controladas, por uma rede oculta de poder. Por exemplo, a ideia de que os presidentes são meramente figuras de proa, enquanto o poder real está com autoridades não eleitas tem sido um tema recorrente nas discussões do Estado Profundo.

Exemplos históricos frequentemente citados incluem as administrações de Franklin D. Roosevelt e John F. Kennedy. As políticas do New Deal de Roosevelt e a forma como Kennedy lidou com a Crise dos Mísseis Cubanos são vistas por alguns como instâncias em que o Estado Profundo exerceu sua influência para orientar a política nacional. Mais recentemente, as presidências de Barack Obama e Donald Trump foram examinadas por suposta interferência do Estado Profundo, com ambos os líderes enfrentando acusações de serem minados por burocratas e oficiais de inteligência entrincheirados.

Burocratas de carreira : Burocratas de carreira, ou servidores públicos, são outro componente crítico da teoria do Deep State. Esses indivíduos geralmente permanecem em suas posições independentemente de mudanças na liderança política, proporcionando continuidade e estabilidade dentro do governo. No entanto, sua longa permanência e profundo conhecimento institucional também os tornam jogadores poderosos, capazes de influenciar políticas e tomadas de decisão nos bastidores.

A teoria postula que esses burocratas podem resistir ou subverter as agendas de autoridades eleitas, garantindo que certas políticas e práticas permaneçam inalteradas. Essa resistência é frequentemente enquadrada como uma defesa do status quo ou dos interesses da própria burocracia. Exemplos incluem o Departamento de Estado e o Departamento de Defesa, onde se acredita que autoridades de carreira exercem influência significativa sobre políticas estrangeiras e de defesa.

Conselheiros e assistentes : Conselheiros e assistentes importantes de políticos de alto escalão também são vistos como figuras centrais dentro do Deep State. Esses indivíduos geralmente têm relacionamentos pessoais próximos com seus principais e são confiáveis com informações confidenciais e decisões estratégicas. Sua proximidade com o poder permite que eles moldem políticas e influenciem decisões de maneiras que nem sempre são visíveis ao público.

Exemplos notáveis incluem Henry Kissinger, que atuou como Conselheiro de Segurança Nacional e Secretário de Estado sob os presidentes Nixon e Ford. O papel de Kissinger na formação da política externa dos EUA durante a Guerra Fria é frequentemente citado como evidência da influência que os conselheiros podem exercer. Da mesma forma, figuras mais recentes como Steve Bannon, que atuou como Estrategista-Chefe do Presidente Trump, foram vistas como jogadores-chave no avanço de agendas específicas dentro da administração.

The Revolving Door : O conceito de "porta giratória" entre o governo e a indústria privada complica ainda mais a narrativa do Deep State. Esse fenômeno se refere ao movimento de indivíduos entre papéis no governo e posições no setor privado, particularmente em indústrias como defesa, finanças e tecnologia. A porta giratória é vista como uma forma de interesses privados exercerem influência sobre as políticas e decisões do governo.

Por exemplo, ex-funcionários do governo frequentemente assumem posições lucrativas com contratantes de defesa ou firmas de lobby, alavancando seu conhecimento interno e conexões para beneficiar seus novos empregadores. Por outro lado, executivos de grandes corporações podem ser nomeados para cargos governamentais importantes, onde podem moldar políticas que favoreçam seus setores. Esse intercâmbio entre os setores público e privado é visto como um mecanismo pelo qual o Deep State mantém sua influência.

Conclusão : Os papéis de políticos de alto escalão, burocratas de carreira, conselheiros e a porta giratória entre o governo e a indústria privada são centrais para a teoria do Deep State. Acredita-se que esses principais participantes operem nos bastidores, moldando políticas e decisões de maneiras que atendam seus interesses e mantenham seu poder. Entender a influência desses indivíduos é crucial para explorar o conceito mais amplo do Deep State e suas implicações para a democracia e a governança.

Agências de Inteligência

As agências de inteligência geralmente estão no centro da narrativa do Deep State. Essas organizações, encarregadas de reunir informações e conduzir operações secretas, são vistas como entidades poderosas capazes de influenciar eventos nacionais e globais nos bastidores. Esta seção explora os papéis das principais agências de inteligência, seu contexto histórico e seu suposto envolvimento no Deep State.

CIA e NSA : A Agência Central de Inteligência (CIA) e a Agência de Segurança Nacional (NSA) são duas das agências de inteligência mais proeminentes dos Estados Unidos. A CIA, criada em 1947, é responsável por reunir inteligência estrangeira e conduzir operações secretas. Suas atividades variam de espionagem a influenciar governos estrangeiros, geralmente por meios clandestinos. O envolvimento da CIA em eventos como o golpe de 1953 no Irã e a invasão da Baía dos Porcos em Cuba em 1961 alimentou suspeitas de seu papel na manipulação da política global.

A NSA, criada em 1952, foca em inteligência de sinais (SIGINT) e vigilância eletrônica. Sua missão é monitorar e analisar comunicações para proteger a segurança nacional. As capacidades da NSA se expandiram significativamente com os avanços na tecnologia, permitindo que ela interceptasse e analisasse grandes quantidades de dados. Revelações do denunciante Edward Snowden em 2013 expuseram a extensão dos programas de vigilância da NSA, incluindo a coleta de dados de telefone e internet de milhões de pessoas em todo o mundo. Essas divulgações reforçaram a percepção de uma rede oculta monitorando e controlando informações.

FBI e Vigilância Doméstica : O Federal Bureau of Investigation (FBI) desempenha um papel crucial na inteligência doméstica e contrainteligência. Estabelecido em 1908, as responsabilidades do FBI incluem investigar crimes federais, combater o terrorismo e proteger os direitos civis. No entanto, seu envolvimento na vigilância doméstica levantou preocupações sobre seu papel no Deep State.

Durante a Guerra Fria, o FBI conduziu uma vigilância extensiva sobre supostos comunistas e ativistas políticos sob programas como o COINTELPRO (Counter Intelligence Program). Essas operações, frequentemente conduzidas sem supervisão adequada, tinham como alvo líderes de direitos civis, ativistas antiguerra e outras vozes dissidentes. As ações do FBI durante esse período foram criticadas por violar as liberdades civis e contribuir para a percepção de uma agência governamental secreta operando além da lei.

Redes Internacionais de Inteligência : A colaboração entre agências de inteligência dos EUA e suas contrapartes internacionais é outro aspecto crítico da narrativa do Deep State. Agências como a CIA e a NSA trabalham em estreita colaboração com serviços de inteligência estrangeiros, como o MI6 britânico, o Mossad israelense e o Canadian Security Intelligence Service (CSIS). Essas parcerias facilitam o compartilhamento de inteligência, operações conjuntas e esforços coordenados para lidar com ameaças globais.

Um exemplo notável é a aliança "Five Eyes", uma rede de inteligência cooperativa que compreende os Estados Unidos, o Reino Unido, o Canadá, a Austrália e a Nova Zelândia. Esta aliança permite que os países membros compartilhem inteligência e conduzam operações de vigilância conjuntas. O amplo alcance e as capacidades de tais redes contribuem para a percepção de um Deep State global, onde as agências de inteligência operam com autonomia e influência significativas.

Operações Secretas e Black Ops : Agências de inteligência frequentemente estão envolvidas em operações secretas e "black ops" (operações negras), que são missões secretas conduzidas sem conhecimento ou responsabilidade pública. Essas operações podem incluir assassinatos, sabotagem e guerra psicológica. O envolvimento da CIA em operações secretas durante a Guerra Fria, como a Operação Gladio na Europa e o apoio a insurgências anticomunistas na América Latina, exemplifica o papel da agência em atividades clandestinas.

O uso de black ops continuou na era moderna, com agências de inteligência conduzindo operações em zonas de conflito como Afeganistão, Iraque e Síria. Essas missões, muitas vezes envoltas em segredo, contribuem para a percepção de um governo oculto manipulando eventos nos bastidores. A falta de transparência e supervisão nessas operações levanta questões sobre responsabilidade e o potencial de abuso de poder.

Conclusão : Agências de inteligência como a CIA, NSA e FBI desempenham um papel central na narrativa do Deep State. Seu envolvimento em operações secretas, vigilância doméstica e redes de inteligência internacionais contribui para a percepção de um governo oculto manipulando eventos nos bastidores. Entender os papéis e atividades dessas agências é essencial para explorar o conceito mais amplo do Deep State e suas implicações para a democracia e a governança.

Influência Militar

O papel dos militares na narrativa do Deep State é significativo, frequentemente retratado como uma força poderosa que molda as políticas e decisões de segurança nacional nos bastidores. Esta seção explora a influência do Pentágono, do Departamento de Defesa, do Estado-Maior Conjunto e de contratantes militares privados dentro do contexto do Deep State.

Pentágono e Departamento de Defesa : O Pentágono, lar do Departamento de Defesa dos Estados Unidos (DoD), é uma figura central na teoria do Estado Profundo. O DoD é responsável por supervisionar todos os ramos das forças armadas dos EUA e implementar políticas de defesa nacional. Com um orçamento que excede US$

700 bilhões anualmente, o DoD exerce considerável influência sobre os gastos do governo e decisões políticas.

A influência do Pentágono se estende além das operações militares tradicionais. Ele desempenha um papel crucial na formação da política externa, frequentemente trabalhando em estreita colaboração com agências de inteligência e outros departamentos governamentais. O envolvimento do DoD em conflitos ao redor do mundo, do Oriente Médio à Ásia, ressalta sua importância estratégica. Os críticos argumentam que os vastos recursos e prioridades estratégicas do Pentágono podem às vezes ofuscar a supervisão civil, contribuindo para a percepção de uma agenda militar oculta.

Joint Chiefs of Staff : O Joint Chiefs of Staff (JCS) é um corpo de líderes militares seniores que aconselham o Presidente, o Secretário de Defesa e o Conselho de Segurança Nacional em assuntos militares. O JCS inclui o Presidente, o Vice-Presidente e os chefes do Exército, Marinha, Força Aérea, Corpo de Fuzileiros Navais e Força Espacial. Esses líderes são responsáveis por fornecer orientação estratégica e garantir a prontidão das forças armadas.

A influência do JCS na política de segurança nacional é significativa. Sua expertise e insights estratégicos moldam as operações militares e o planejamento de defesa. O papel do JCS em aconselhar os mais altos níveis do governo significa que suas perspectivas podem influenciar fortemente as decisões sobre questões de guerra e paz. Essa capacidade consultiva, combinada com seu controle operacional, posiciona o JCS como um ator-chave na narrativa do Deep State, onde os líderes militares são vistos como moldando a política nos bastidores.

Contratantes Militares Privados : A ascensão de contratantes militares privados (PMCs) adicionou uma nova dimensão à influência militar dentro da teoria do Estado Profundo. PMCs são empresas privadas que fornecem uma gama de serviços militares, incluindo segurança, logística e operações de combate. Empresas como Blackwater (agora Academi), DynCorp e Triple Canopy desempenharam papéis proeminentes em conflitos como a Guerra do Iraque e a Guerra do Afeganistão.

O uso de PMCs permite que o governo aumente suas capacidades militares sem o escrutínio político e público que acompanha a implantação de tropas regulares. Essa terceirização de funções militares para entidades privadas levanta preocupações sobre responsabilidade e transparência. As PMCs operam sob contratos que geralmente são confidenciais, dificultando a avaliação de suas ações e impacto. O envolvimento de PMCs em incidentes controversos, como o massacre da Praça Nisour em Bagdá, alimentou ainda mais as suspeitas de uma agenda militar oculta operando fora dos limites da supervisão pública.

Complexo Militar-Industrial : O conceito de complexo militar-industrial, como alertado pelo presidente Dwight D. Eisenhower em seu discurso de despedida de 1961, continua relevante nas discussões do Deep State. O complexo militar-industrial se refere ao relacionamento próximo entre os militares, contratantes de defesa e funcionários do governo. Esse relacionamento é caracterizado por interesses mútuos em manter e expandir os gastos e capacidades militares.

Contratantes de defesa como Lockheed Martin, Boeing e Raytheon são grandes participantes do complexo militar-industrial. Essas empresas produzem armamento e tecnologia avançados para os militares, e seu sucesso financeiro está intimamente ligado a contratos governamentais. A porta giratória entre o Pentágono e contratantes de defesa, onde ex-oficiais militares assumem posições na indústria de defesa e vice-versa, reforça a percepção de uma rede fortemente unida que influencia a política e os gastos de defesa.

Conclusão : A influência militar na narrativa do Deep State é multifacetada, abrangendo os papéis do Pentágono, do Estado-Maior Conjunto, de contratantes militares privados e do complexo militar-industrial. Essas entidades são vistas como forças poderosas que moldam as políticas e decisões de segurança nacional, frequentemente operando com autonomia e influência significativas. Entender o papel militar é crucial para explorar o conceito mais amplo do Deep State e suas implicações para a democracia e a governança.

Poder Corporativo

O poder corporativo é um elemento significativo na narrativa do Deep State, frequentemente retratado como uma força motriz por trás de agendas ocultas e decisões políticas. Esta seção explora os papéis dos principais contratantes de defesa, empresas de tecnologia e instituições financeiras, e sua suposta influência dentro do Deep State.

Contratantes de Defesa : Contratantes de defesa são centrais para o complexo militar-industrial, um termo popularizado pelo presidente Dwight D. Eisenhower. Empresas como Lockheed Martin, Boeing e Raytheon estão entre as maiores contratantes de defesa do mundo, fornecendo armamento avançado, tecnologia e serviços para os militares. Essas empresas têm interesses financeiros substanciais em manter e expandir orçamentos militares, o que pode levar a uma influência significativa sobre as políticas de defesa e gastos governamentais.

O relacionamento entre contratantes de defesa e o governo é frequentemente caracterizado por uma porta giratória, onde ex-oficiais militares assumem posições na indústria de defesa e vice-versa. Esse intercâmbio permite que contratantes de defesa alavanquem conhecimento interno e conexões para garantir contratos lucrativos e moldar decisões políticas. A influência de contratantes de defesa é ainda mais reforçada por seus esforços de lobby, que visam influenciar legisladores e formuladores de políticas em favor de maiores gastos com defesa e regulamentações favoráveis.

Big Tech e Vigilância : Empresas de tecnologia, particularmente aquelas envolvidas em coleta de dados e vigilância, também são vistas como participantes-chave no Deep State. Empresas como Google, Facebook e Amazon acumularam vastas quantidades de dados sobre indivíduos, que podem ser usados para vários propósitos, incluindo publicidade direcionada, pesquisa de mercado e, potencialmente, vigilância governamental.

A colaboração entre empresas de tecnologia e agências governamentais levantou preocupações sobre privacidade e liberdades civis. Programas como o PRISM, revelado por Edward Snowden, mostraram como a NSA acessou dados de grandes empresas de tecnologia para monitorar comunicações e reunir inteligência. Essa parceria entre Big Tech e agências de inteligência contribui para a percepção de um Deep State que monitora e controla informações, muitas vezes sem conhecimento ou consentimento público.

Instituições financeiras : Grandes instituições financeiras, como Goldman Sachs, JPMorgan Chase e Citigroup, são frequentemente implicadas na narrativa do Deep State devido à sua influência significativa sobre políticas e decisões econômicas. Essas instituições têm poder considerável em moldar mercados financeiros, influenciar taxas de juros e determinar o fluxo de capital.

A influência da indústria financeira é evidente nos laços estreitos entre Wall Street e autoridades governamentais. Muitas autoridades governamentais de alto escalão, incluindo Secretários do Tesouro e Presidentes do Federal Reserve, têm experiência em grandes instituições financeiras. Essa porta giratória entre Wall Street e posições governamentais permite que instituições financeiras exerçam influência considerável sobre a política econômica, muitas vezes priorizando seus interesses sobre os do público em geral .

Lobbying e Influência Corporativos : O lobbying corporativo é uma ferramenta poderosa usada por empresas para influenciar decisões legislativas e políticas. Lobistas que representam vários setores, incluindo defesa, tecnologia e finanças, trabalham para moldar leis e regulamentações de maneiras que beneficiem seus clientes. Esse esforço de lobby geralmente envolve contribuições financeiras significativas para campanhas políticas, criando uma dependência de doações corporativas entre autoridades eleitas.

A influência do lobby corporativo se estende a comitês congressionais e agências reguladoras importantes, onde decisões são tomadas que impactam indústrias inteiras. A capacidade das corporações de moldar políticas por meio de esforços de lobby reforça a percepção de um Deep State, onde entidades poderosas operam nos bastidores para promover seus interesses.

Conclusão : O poder corporativo, abrangendo contratantes de defesa, empresas de tecnologia e instituições financeiras, desempenha um papel crucial na narrativa do Deep State. Essas entidades são vistas como forças influentes que moldam políticas e decisões, frequentemente operando com autonomia e influência significativas. A porta giratória entre o governo e a indústria privada, juntamente com esforços extensivos de lobby, contribui para a percepção de uma rede oculta manipulando eventos nos bastidores. Entender o papel do poder corporativo é essencial para explorar o conceito mais amplo do Deep State e suas implicações para a democracia e a governança.

Mídia e Opinião Pública

A mídia desempenha um papel crucial na formação da opinião pública e é frequentemente implicada na narrativa do Deep State. Esta seção explora a influência da grande mídia, mídia alternativa, denunciantes e mídia social na disseminação e reforço das teorias do Deep State.

Mídia convencional : Os principais veículos de comunicação, como as principais redes de televisão, jornais e sites de notícias, são ferramentas poderosas para moldar a percepção pública. Esses veículos são frequentemente acusados de serem cúmplices do Estado Profundo, seja promovendo certas narrativas ou deixando de relatar questões que desafiam o status quo. Os críticos argumentam que a mídia convencional atende aos interesses de elites poderosas, fornecendo uma plataforma para funcionários do governo e líderes corporativos, ao mesmo tempo em que marginaliza vozes dissidentes.

A consolidação da propriedade da mídia alimentou ainda mais essas suspeitas. Um pequeno número de conglomerados controla uma parcela significativa do cenário da mídia, levando a preocupações sobre a falta de diversidade em pontos de vista e o potencial para mensagens coordenadas. Essa concentração de poder da mídia é vista como um mecanismo através do qual o Deep State pode influenciar a opinião pública e manter o controle sobre a narrativa.

Mídia Alternativa e Denunciantes : Em contraste com a mídia tradicional, os veículos de mídia alternativos frequentemente se posicionam como desafiadores da narrativa dominante. Esses veículos, que incluem sites de notícias independentes, blogs e podcasts, fornecem uma plataforma para vozes que são frequentemente excluídas da cobertura tradicional. Eles desempenham um papel crucial na exposição de operações ocultas e no desafio de narrativas oficiais, contribuindo para a disseminação de teorias do Estado Profundo.

Os denunciantes também são figuras-chave nessa dinâmica. Indivíduos como Edward Snowden, Chelsea Manning e Julian Assange revelaram informações confidenciais que expuseram a má conduta do governo e programas de vigilância. Suas revelações forneceram evidências concretas para aqueles que acreditam na existência de um

Deep State, destacando a lacuna entre o conhecimento público e a realidade das operações do governo.

Influência da mídia social : plataformas de mídia social como Twitter, Facebook e YouTube revolucionaram a maneira como as informações são disseminadas e consumidas. Essas plataformas permitem que indivíduos compartilhem suas visões e se conectem com pessoas com ideias semelhantes, criando câmaras de eco onde as teorias do Estado Profundo podem prosperar. A natureza viral da mídia social significa que o conteúdo pode atingir rapidamente um público amplo, muitas vezes sem o escrutínio que a mídia tradicional pode aplicar.

Algoritmos de mídia social, projetados para maximizar o engajamento, frequentemente priorizam conteúdo sensacionalista e controverso. Isso pode levar à amplificação de teorias da conspiração, pois postagens que provocam reações fortes têm mais probabilidade de serem compartilhadas e vistas por outros. A disseminação de desinformação e informações falsas nas mídias sociais se tornou uma preocupação significativa, com plataformas lutando para equilibrar a liberdade de expressão com a necessidade de evitar a disseminação de conteúdo prejudicial.

Impacto na Percepção Pública : A influência da mídia e das mídias sociais na percepção pública é profunda. Pesquisas e enquetes indicam que uma parcela significativa da população acredita na existência de um Deep State. Essa crença é frequentemente reforçada pela cobertura da mídia de escândalos políticos, vazamentos de inteligência e ações governamentais que sugerem agendas ocultas e operações secretas.

A polarização do consumo de mídia agrava ainda mais esse problema. As pessoas tendem a consumir notícias de fontes que se alinham com suas crenças preexistentes, levando a um cenário de mídia fragmentado, onde diferentes segmentos da população têm entendimentos muito diferentes da realidade. Essa polarização pode aprofundar as divisões e tornar mais desafiador alcançar consenso sobre questões importantes.

Conclusão : A mídia, abrangendo veículos tradicionais, mídia alternativa, denunciantes e mídia social, desempenha um papel crucial na formação da opinião pública e no reforço das teorias do Estado Profundo. A consolidação da propriedade da mídia, a ascensão de plataformas alternativas e a natureza viral da mídia social contribuem para a percepção de uma rede oculta manipulando eventos nos bastidores. Entender a influência da mídia e da opinião pública é essencial para explorar o conceito mais amplo do Estado Profundo e suas implicações para a democracia e a governança.

Capítulo 3: Mecanismos de Controle

Manipulação de mídia

A manipulação da mídia é um mecanismo central através do qual se acredita que o Deep State controla a percepção pública e mantém sua influência. Esta seção explora como o Deep State supostamente controla o fluxo de informações, emprega técnicas de propaganda e usa censura e manipulação da mídia para moldar narrativas.

Controle de Informação : Uma das principais formas pelas quais o Deep State é pensado para exercer sua influência é através do controle da grande mídia. Grandes veículos de notícias, incluindo redes de televisão, jornais e plataformas de notícias online, são frequentemente acusados de serem cúmplices na promoção da agenda do Deep State. Acredita-se que esse controle seja alcançado através da propriedade por elites poderosas, influência editorial e disseminação seletiva de informações.

A consolidação da propriedade da mídia levou a uma situação em que um pequeno número de conglomerados controla uma parcela significativa do cenário da mídia. Essa concentração de poder permite mensagens coordenadas e a supressão de pontos de vista divergentes. Os críticos argumentam que esse controle sobre o fluxo de informações garante que apenas certas narrativas cheguem ao público, enquanto perspectivas alternativas são marginalizadas ou ignoradas.

Técnicas de Propaganda : Propaganda é uma ferramenta poderosa usada para moldar a opinião pública e manter o controle sobre a narrativa. Acredita-se que o Deep State emprega várias técnicas de propaganda para influenciar como as pessoas pensam e se comportam. Essas técnicas incluem o uso de linguagem carregada de emoção, repetição de mensagens-chave e o enquadramento de questões de uma forma que apoie a narrativa desejada.

Uma técnica comum de propaganda é a criação de narrativas de "nós contra eles", que polarizam o público e criam um senso de urgência ou ameaça. Ao enquadrar certos grupos ou indivíduos como inimigos, o Deep State pode reunir apoio público para suas ações e políticas. Essa técnica é frequentemente usada em tempos de crise, como durante guerras ou emergências nacionais, para justificar o aumento do controle e vigilância do governo.

Censura e Spin : Censura e spin da mídia são métodos adicionais usados para manipular a percepção pública. A censura envolve a supressão de informações que contradizem a agenda do Deep State, enquanto o spin da mídia envolve apresentar informações de uma forma que favorece um ponto de vista específico. Ambas as técnicas são usadas para controlar a narrativa e garantir que o público receba uma mensagem consistente e favorável.

A censura pode assumir muitas formas, incluindo a remoção de conteúdo de sites de notícias, o silenciamento de vozes dissidentes e a restrição de acesso a certas informações. Por exemplo, denunciantes que expõem má conduta do governo podem enfrentar repercussões legais, e suas revelações podem ser minimizadas ou ignoradas pela grande mídia. Essa supressão de informações impede que o público obtenha uma compreensão completa das questões em questão.

O spin da mídia, por outro lado, envolve a apresentação seletiva de fatos e o uso de linguagem persuasiva para moldar a percepção pública. Isso pode incluir enfatizar certos aspectos de uma história enquanto minimiza outros, usar linguagem carregada para evocar respostas emocionais e enquadrar eventos de uma forma que apoie a narrativa desejada. Ao controlar como as informações são apresentadas, o Deep State pode influenciar como as pessoas interpretam e reagem aos eventos.

Estudos de caso : Exemplos históricos e contemporâneos ilustram como se acredita que a manipulação da mídia opera. Durante a Guerra Fria, tanto os Estados Unidos quanto a União Soviética usaram propaganda para influenciar a opinião pública e manter o controle sobre suas respectivas populações. Nos EUA, o governo trabalhou em estreita colaboração com os meios de comunicação para promover o sentimento anticomunista e justificar intervenções militares.

Mais recentemente, a ascensão das mídias sociais introduziu novos desafios e oportunidades para a manipulação da mídia. A disseminação de desinformação e informações falsas em plataformas como Facebook e Twitter tornou mais fácil para o Deep State influenciar a percepção pública. Algoritmos que priorizam conteúdo sensacionalista podem amplificar certas narrativas, enquanto os esforços para checar fatos e combater informações falsas muitas vezes lutam para manter o ritmo.

Conclusão : A manipulação da mídia é um mecanismo-chave por meio do qual se acredita que o Deep State controla a percepção pública e mantém sua influência. Ao controlar o fluxo de informações, empregar técnicas de propaganda e usar censura e manipulação da mídia, o Deep State pode moldar narrativas e garantir que sua agenda seja promovida. Entender esses métodos é essencial para explorar o conceito mais amplo do Deep State e suas implicações para a democracia e a governança.

Influência econômica

Influência econômica é um mecanismo crítico através do qual se acredita que o Deep State exerça controle sobre políticas nacionais e globais. Esta seção explora como o Deep State supostamente manipula mercados financeiros, alavanca poder corporativo e projeta crises econômicas para consolidar poder e manter controle.

Mercados Financeiros : Uma das principais maneiras pelas quais o Deep State é pensado para manipular resultados econômicos é através do controle dos mercados financeiros. Acredita-se que esse controle seja exercido por um pequeno grupo de poderosas instituições financeiras e bancos centrais que podem influenciar tendências de mercado, taxas de juros e valores de moeda. Ao manipular essas alavancas econômicas, o Deep State pode criar condições favoráveis para seus interesses enquanto desestabiliza aqueles que se opõem à sua agenda.

A crise financeira de 2008 é frequentemente citada como um exemplo de tal manipulação. Os críticos argumentam que a crise foi exacerbada pelas ações de grandes instituições financeiras e do Federal Reserve, que falharam em regular adequadamente as práticas financeiras arriscadas. O resgate subsequente dessas instituições, financiado pelo dinheiro dos contribuintes, é visto como evidência da capacidade do Deep State de proteger seus próprios interesses às custas do público em geral .

Controle Corporativo : Acredita-se que grandes corporações, particularmente aquelas nos setores de defesa, tecnologia e financeiro, desempenham um papel significativo na influência econômica do Deep State. Essas corporações têm recursos e conexões substanciais, permitindo que elas moldem políticas e decisões econômicas. A porta giratória entre executivos corporativos e funcionários do governo reforça ainda mais essa influência, à medida que os indivíduos se movem entre posições no setor privado e papéis-chave do governo.

Por exemplo, a influência de contratantes de defesa em gastos militares e política externa é bem documentada. Empresas como Lockheed Martin, Boeing e Raytheon têm participações significativas na manutenção e expansão de orçamentos militares, o que pode levar a esforços de lobby e decisões políticas que priorizam seus interesses. Da mesma forma, empresas de tecnologia como Google, Facebook e Amazon alavancaram suas capacidades de coleta de dados para colaborar com agências governamentais, influenciando políticas relacionadas à vigilância e privacidade.

Crises econômicas : A teoria de que crises econômicas são projetadas para consolidar poder e controle é um princípio central da narrativa do Deep State. Os proponentes argumentam que crises financeiras e instabilidade econômica não são meramente o resultado de forças de mercado, mas são deliberadamente orquestradas para atingir objetivos específicos. Esses objetivos podem incluir a consolidação de riqueza, o enfraquecimento de oponentes políticos e a justificativa para maior intervenção governamental.

A Grande Depressão da década de 1930 e a mais recente crise financeira de 2008 são frequentemente citadas como exemplos dessas crises planejadas. Em ambos os casos, a turbulência econômica levou a mudanças significativas na política governamental e aumentou a centralização do poder. A implementação do New Deal durante a Grande Depressão e a aprovação do Dodd-Frank Act após a crise de 2008 são vistas como respostas que expandiram o controle do governo sobre a economia.

Lobbying e Influência Corporativos : O lobbying corporativo é uma ferramenta poderosa usada por empresas para influenciar decisões legislativas e políticas. Lobistas que representam vários setores trabalham para moldar leis e regulamentações de maneiras que beneficiem seus clientes. Esse esforço de lobby geralmente envolve contribuições financeiras significativas para campanhas políticas, criando uma dependência de doações corporativas entre autoridades eleitas.

A influência do lobby corporativo se estende aos principais comitês do Congresso e agências reguladoras, onde são tomadas decisões que impactam indústrias inteiras. A capacidade das corporações de moldar políticas por meio de esforços de lobby reforça a percepção de um Estado Profundo, onde entidades poderosas operam nos bastidores para promover seus interesses. Essa influência é particularmente evidente em setores como finanças, saúde e energia, onde decisões regulatórias podem ter implicações econômicas de longo alcance.

Conclusão : A influência econômica é um mecanismo-chave por meio do qual se acredita que o Deep State exerça controle sobre políticas nacionais e globais. Ao manipular mercados financeiros, alavancar poder corporativo e projetar crises econômicas, o Deep State pode criar condições favoráveis para seus interesses, mantendo o controle sobre a economia. Entender esses métodos é essencial para explorar o conceito mais amplo do Deep State e suas implicações para a democracia e a governança.

Manipulação Política

Manipulação política é uma pedra angular da narrativa do Deep State, sugerindo que uma rede oculta de autoridades não eleitas e entidades poderosas exerce influência significativa sobre processos e resultados políticos. Esta seção explora alegações de interferência eleitoral, influência política e o papel de escândalos políticos na manutenção do controle.

Interferência Eleitoral : Um dos aspectos mais controversos da teoria do Deep State é a alegação de que essa rede oculta manipula os resultados das eleições para garantir que os candidatos que se alinham com seus interesses sejam eleitos. Essa interferência pode assumir várias formas, incluindo a manipulação de sistemas de votação, disseminação de desinformação e apoio secreto a certos candidatos.

A eleição presidencial dos EUA de 2016 é frequentemente citada como um exemplo primordial de suposta interferência do Deep State. Alegações de intromissão estrangeira, particularmente pela Rússia, e as investigações subsequentes sobre essas alegações alimentaram suspeitas de uma conspiração mais ampla envolvendo agências de inteligência e outras entidades poderosas. Os defensores da teoria do Deep State argumentam que essas ações foram parte de um esforço coordenado para influenciar o resultado da eleição e minar o processo democrático.

Influência Política : Além das eleições, acredita-se que o Deep State exerça influência significativa sobre as políticas domésticas e estrangeiras. Essa influência é frequentemente atribuída a burocratas de carreira, oficiais de inteligência e líderes militares que permanecem no poder independentemente de mudanças na liderança eleita. Esses indivíduos são vistos como guardiões que podem moldar decisões políticas para se alinharem com seus interesses e manter o status quo.

Por exemplo, a continuidade de certas políticas estrangeiras em diferentes administrações é frequentemente citada como evidência da influência do Deep State. Apesar das mudanças na liderança, as políticas relacionadas a intervenções militares, operações de inteligência e alianças internacionais frequentemente permanecem consistentes. Os críticos argumentam que essa continuidade reflete a capacidade do Deep State de orientar decisões políticas nos bastidores, garantindo que seus objetivos estratégicos sejam cumpridos.

Escândalos Políticos : Escândalos políticos desempenham um papel crucial na narrativa do Deep State, servindo como ferramentas para desacreditar oponentes e manter o controle. Escândalos podem ser usados para minar a credibilidade de figuras políticas, distrair o público de outras questões e justificar o aumento da intervenção governamental. A exposição de escândalos geralmente envolve vazamentos de dentro do governo, sugerindo que pessoas de dentro estão usando essas revelações para manipular resultados políticos.

O escândalo Watergate da década de 1970 é um exemplo clássico de como escândalos políticos podem moldar a percepção pública e influenciar a dinâmica política. O escândalo, que levou à renúncia do presidente Richard Nixon, expôs uma ampla gama de atividades ilegais conduzidas por membros da administração Nixon. As investigações subsequentes e a cobertura da mídia trouxeram à tona o funcionamento interno da administração, levando muitos a acreditar que havia forças ocultas em jogo.

Mais recentemente, os procedimentos de impeachment contra o presidente Donald Trump e as investigações sobre as ações de sua administração foram enquadrados por alguns como parte de um esforço mais amplo do Deep State para minar sua presidência. Esses eventos polarizaram ainda mais a opinião pública e reforçaram a crença de que uma rede oculta está manipulando resultados políticos para seus próprios propósitos.

Operações secretas e campanhas de influência : Operações secretas e campanhas de influência são métodos adicionais pelos quais se acredita que o Deep State manipula processos políticos. Essas operações podem incluir espionagem, sabotagem e guerra psicológica, todas visando moldar resultados políticos e manter o controle. Agências de inteligência como a CIA e a NSA são frequentemente implicadas nessas atividades, usando suas capacidades para influenciar eventos tanto internamente quanto internacionalmente.

Por exemplo, o envolvimento da CIA em operações secretas durante a Guerra Fria, como a derrubada de governos estrangeiros e o apoio a insurgências anticomunistas, é frequentemente citado como evidência da capacidade do Deep State de manipular resultados políticos. Essas operações, conduzidas sem conhecimento ou supervisão pública, destacam o potencial de abuso de poder e a influência de redes ocultas na formação de eventos globais.

Conclusão : A manipulação política é um mecanismo-chave por meio do qual se acredita que o Deep State exerce controle sobre processos e resultados políticos. Alegações de interferência eleitoral, influência política e o uso de escândalos políticos e operações secretas ressaltam o poder percebido dessa rede oculta. Entender esses métodos é essencial para explorar o conceito mais amplo do Deep State e suas implicações para a democracia e a governança.

Vigilância e coleta de dados

Vigilância e coleta de dados são mecanismos essenciais por meio dos quais se acredita que o Deep State monitora e controla a população. Esta seção explora a extensão dos programas de vigilância do governo, a coleta e o uso de dados pessoais por agências de inteligência e corporações, e as implicações para a privacidade individual e as liberdades civis.

Vigilância em massa : Vigilância em massa se refere ao monitoramento extensivo das atividades e comunicações de indivíduos por agências governamentais. Programas como o PRISM da Agência de Segurança Nacional (NSA), revelado pelo denunciante Edward Snowden em 2013, destacaram o vasto escopo da vigilância governamental. O PRISM permitiu que a NSA coletasse dados de grandes empresas de tecnologia, incluindo e-mails, mensagens de bate-papo e videochamadas, muitas vezes sem o conhecimento ou consentimento dos indivíduos envolvidos.

A justificativa para tal vigilância é tipicamente enquadrada em torno da segurança nacional e da prevenção do terrorismo. No entanto, os críticos argumentam que esses programas frequentemente operam com supervisão e responsabilização mínimas, levantando preocupações sobre o potencial de abuso de poder. A capacidade de monitorar comunicações em uma escala tão grande dá às agências de inteligência controle significativo sobre as informações, contribuindo para a percepção de um Deep State que observa e influencia a população das sombras.

Coleta de dados : além da vigilância governamental, a coleta e o uso de dados pessoais por corporações também desempenham um papel crucial na narrativa do Deep State. Empresas de tecnologia como Google, Facebook e Amazon coletam grandes quantidades de dados sobre seus usuários, incluindo históricos de pesquisa, interações em mídias sociais e comportamento de compra. Esses dados são frequentemente usados para publicidade direcionada e pesquisa de mercado, mas também podem ser acessados por agências governamentais para fins de vigilância.

A colaboração entre empresas de tecnologia e agências governamentais levantou preocupações significativas de privacidade. Programas como o PRISM e as revelações mais recentes sobre compartilhamento de dados entre empresas de tecnologia e agências de aplicação da lei ilustram como dados pessoais podem ser usados para vigilância. A falta de transparência em torno dessas práticas torna difícil para os indivíduos entenderem até que ponto seus dados estão sendo coletados e usados.

Preocupações com privacidade : As implicações da vigilância em massa e coleta de dados para a privacidade individual e liberdades civis são profundas. A capacidade de agências governamentais e corporações de monitorar e analisar informações pessoais levanta questões sobre o direito à privacidade e o potencial de uso indevido de dados. Os críticos argumentam que essas práticas corroem a confiança nas instituições e criam um efeito inibidor na liberdade de expressão e discurso.

Uma das principais preocupações é o potencial da vigilância ser usada para propósitos políticos. O monitoramento de ativistas políticos, jornalistas e vozes dissidentes pode sufocar a oposição e limitar a participação democrática. Exemplos históricos, como o programa COINTELPRO do FBI, que tinha como alvo líderes de direitos civis e ativistas antiguerra, demonstram como a vigilância pode ser usada para suprimir a dissidência política.

Avanços tecnológicos : Os avanços na tecnologia expandiram ainda mais as capacidades de vigilância e coleta de dados. O surgimento da inteligência artificial (IA) e do aprendizado de máquina permitiu uma análise mais sofisticada de grandes conjuntos de dados, permitindo o policiamento preditivo e a identificação de ameaças potenciais. Embora essas tecnologias possam aumentar a segurança, elas também levantam preocupações sobre preconceito, discriminação e potencial de abuso.

O uso da tecnologia de reconhecimento facial, por exemplo, gerou um debate significativo. Embora possa ser usada para identificar criminosos e aumentar a segurança, também representa riscos à privacidade e às liberdades civis. O potencial para identificação incorreta e a falta de regulamentação em torno de seu uso levaram a pedidos de maior supervisão e responsabilização. A implantação dessas tecnologias por agências governamentais e empresas privadas contribui para a percepção de um estado de vigilância que monitora e controla a população.

Conclusão : Vigilância e coleta de dados são mecanismos-chave por meio dos quais se acredita que o Deep State monitora e controla a população. As amplas capacidades dos programas de vigilância do governo, a colaboração entre empresas de tecnologia e agências de inteligência e as implicações para a privacidade e as liberdades civis ressaltam o poder percebido dessa rede oculta. Entender esses métodos é essencial para explorar o conceito mais amplo do Deep State e suas implicações para a democracia e a governança.

Operações secretas e guerra psicológica

Operações secretas e guerra psicológica são mecanismos críticos por meio dos quais se acredita que o Deep State exerça controle e influência sobre eventos nacionais e globais. Esta seção explora o uso de ações secretas, operações psicológicas (PsyOps), e fornece estudos de caso que ilustram esses métodos de controle.

Covert Actions : Ações secretas referem-se a operações secretas conduzidas por agências governamentais, muitas vezes sem conhecimento ou supervisão pública. Essas ações podem incluir espionagem, sabotagem, assassinatos e apoio a grupos insurgentes. Agências de inteligência como a CIA e a NSA são frequentemente implicadas nessas atividades, usando suas capacidades para influenciar resultados políticos e manter o controle.

Um dos exemplos mais conhecidos de ação secreta é o envolvimento da CIA no golpe de 1953 no Irã, que derrubou o primeiro-ministro Mohammad Mossadegh e restabeleceu o Xá. Esta operação, conhecida como Operação Ajax, foi conduzida em colaboração com a agência de inteligência britânica MI6 e teve como objetivo proteger os interesses petrolíferos ocidentais no Irã. O sucesso desta ação secreta demonstrou a capacidade da CIA de manipular eventos políticos em países estrangeiros, reforçando a percepção de uma rede oculta exercendo controle nos bastidores.

Outro exemplo significativo é a invasão da Baía dos Porcos em 1961, onde a CIA tentou derrubar o governo cubano liderado por Fidel Castro. A operação envolveu treinar e armar exilados cubanos para lançar uma invasão, mas acabou falhando, levando a um grande constrangimento para o governo dos EUA. Apesar do fracasso, a invasão da Baía dos Porcos destacou até que ponto a CIA estava disposta a ir para atingir seus objetivos, alimentando ainda mais as suspeitas de operações secretas e agendas ocultas.

Operações Psicológicas (PsyOps) : Operações psicológicas, ou PsyOps , envolvem o uso de táticas psicológicas para influenciar a percepção e o comportamento do público. Essas operações podem incluir propaganda, desinformação e manipulação psicológica visando atingir objetivos estratégicos. O objetivo do PsyOps é moldar as atitudes e crenças do público-alvo, geralmente criando confusão, medo ou desconfiança.

Durante a Guerra Fria, tanto os Estados Unidos quanto a União Soviética se envolveram em extensas PsyOps para influenciar a opinião pública e minar a influência um do outro. O governo dos EUA usou várias formas de mídia, incluindo transmissões de rádio, folhetos e filmes, para promover o sentimento anticomunista e o apoio às políticas americanas. Um exemplo notável é a Radio Free Europe, que transmitiu notícias e propaganda para os países do Bloco Oriental para combater a influência soviética.

Em tempos mais recentes, o uso de mídias sociais e plataformas digitais expandiu o alcance e a eficácia do PsyOps . Governos e atores políticos ao redor do mundo usam essas plataformas para disseminar desinformação, manipular a opinião pública e influenciar resultados eleitorais. A ascensão da tecnologia deepfake, que permite a criação de vídeos realistas, mas falsos, complicou ainda mais o cenário da guerra psicológica, tornando mais desafiador discernir a verdade da ficção.

Estudos de caso : Vários estudos de caso ilustram o uso de operações secretas e PsyOps pelo Deep State. Um desses casos é a Operação Gladio, uma iniciativa clandestina da OTAN durante a Guerra Fria, com o objetivo de combater a influência comunista na Europa. A operação envolveu o estabelecimento de exércitos secretos "staybehind" em vários países europeus, que estavam preparados para se envolver em guerra de guerrilha no caso de uma invasão soviética. Esses exércitos secretos também estavam implicados em operações de bandeira falsa e atos de terrorismo projetados para desacreditar movimentos de esquerda e criar um clima de medo.

Outro estudo de caso é o uso de campanhas de desinformação durante a eleição presidencial dos EUA de 2016. Operativos russos, supostamente com o apoio do governo russo, usaram plataformas de mídia social para espalhar informações falsas e semear discórdia entre o eleitorado americano. Esses esforços incluíram a criação de contas falsas, a disseminação de conteúdo divisivo e o hackeamento de organizações políticas. O impacto dessas campanhas de desinformação no resultado da eleição continua sendo um assunto de debate, mas elas destacam o potencial de operações psicológicas para influenciar processos democráticos.

Conclusão : Operações secretas e guerra psicológica são mecanismos-chave por meio dos quais se acredita que o Deep State exerça controle e influência. O uso de ações secretas, táticas psicológicas e campanhas de desinformação ressalta o poder percebido dessa rede oculta. Entender esses métodos é essencial para explorar o conceito mais amplo do Deep State e suas implicações para a democracia e a governança.

4

Capítulo 4: Estudos de caso

O **assassinato de JFK**

O assassinato do presidente John F. Kennedy em 22 de novembro de 1963 continua sendo um dos eventos mais significativos e controversos da história americana. As circunstâncias que cercam sua morte deram origem a inúmeras teorias da conspiração, muitas das quais sugerem o envolvimento de uma rede oculta de entidades poderosas, frequentemente referidas como Deep State.

Contexto : Naquele dia fatídico, o presidente Kennedy estava em uma carreata pela Dealey Plaza em Dallas, Texas, quando foi mortalmente baleado. O relato oficial, conforme determinado pela Comissão Warren, concluiu que Lee Harvey Oswald agiu sozinho ao assassinar o presidente. No entanto, essa conclusão foi recebida com ceticismo e alimentou uma miríade de teorias alternativas.

Comissão Warren : A Comissão Warren, estabelecida pelo presidente Lyndon B. Johnson, foi encarregada de investigar o assassinato. Após meses de audiências e depoimentos, a Comissão divulgou seu relatório em 1964, concluindo que Oswald era o atirador solitário e que não havia evidências de conspiração. Apesar da minúcia da investigação, muitos americanos acharam as descobertas pouco convincentes, levando a especulações generalizadas sobre a verdadeira natureza dos eventos.

Teorias da conspiração : Várias teorias da conspiração surgiram ao longo dos anos, cada uma propondo diferentes atores e motivos por trás do assassinato. Algumas das teorias mais proeminentes incluem:

- **Envolvimento da CIA** : Uma teoria postula que a CIA orquestrou o assassinato devido à percepção de falta de apoio de Kennedy para operações secretas e sua intenção de reduzir o poder da agência. Os proponentes dessa teoria apontam para as supostas conexões de Oswald com a CIA e o histórico de ações secretas da agência.
- **Conexão com a Máfia** : Outra teoria sugere que a Máfia estava envolvida no assassinato como retribuição à repressão do governo Kennedy ao crime organizado. Essa teoria é apoiada por alegações de que Jack Ruby, que matou Oswald dois dias após o assassinato, tinha laços com a Máfia.
- **Complexo Militar-Industrial** : Alguns acreditam que elementos dentro do complexo militar-industrial estavam por trás do assassinato, motivados pelos planos de Kennedy de acalmar a Guerra do Vietnã. Essa teoria se alinha com o aviso do presidente Dwight D. Eisenhower sobre a crescente influência do complexo militar-industrial.
- **Vários homens armados** : A teoria de que vários homens armados estavam envolvidos, frequentemente chamada de teoria do "gramado", sugere que Oswald não agiu sozinho. Testemunhas relataram ter ouvido tiros de diferentes direções, e algumas análises forenses questionaram a trajetória das balas.

Impacto na confiança pública : O assassinato de JFK e as teorias da conspiração subsequentes tiveram um impacto profundo na confiança pública no governo. As discrepâncias e perguntas sem resposta em torno do evento levaram muitos a acreditar que a verdadeira história foi encoberta. Essa erosão da confiança contribuiu para a narrativa mais ampla do Deep State, onde uma rede oculta é percebida para manipular eventos e controlar informações.

O assassinato de JFK serve como um estudo de caso fundamental para entender a teoria do Estado Profundo. Ele destaca como eventos significativos podem ser envoltos em mistério e controvérsia, levando a especulação e desconfiança generalizadas. O fascínio duradouro pelo assassinato de Kennedy ressalta o desejo do público por transparência e responsabilidade, e a crença de que forças poderosas podem estar operando nos bastidores.

Em resumo, o assassinato do presidente John F. Kennedy continua sendo um evento-chave na narrativa do Deep State. As várias teorias da conspiração, as descobertas da Comissão Warren e o impacto na confiança pública ilustram as complexidades e questões duradouras que cercam esse evento trágico. Entender o assassinato de JFK é essencial para explorar o conceito mais amplo do Deep State e suas implicações para a democracia e a governança.

Escândalo Watergate

O escândalo Watergate é um dos escândalos políticos mais significativos da história americana, levando à renúncia do presidente Richard Nixon e impactando profundamente a confiança pública no governo. Este estudo de caso explora os eventos do escândalo, o papel da mídia, alegações de envolvimento do Deep State e seu legado duradouro .

Visão geral : O escândalo Watergate começou nas primeiras horas de 17 de junho de 1972, quando cinco homens foram presos por invadir a sede do Comitê Nacional Democrata (DNC) no complexo de escritórios Watergate em Washington, DC. Os ladrões foram pegos tentando grampear telefones e roubar documentos. Inicialmente, a invasão pareceu ser um incidente menor, mas logo se desfez em um grande escândalo político.

Investigações revelaram que a invasão foi parte de uma campanha mais ampla de espionagem política e sabotagem conduzida por membros da administração Nixon. O escândalo expôs uma série de atividades ilegais, incluindo o uso de fundos de campanha para operações secretas, tentativas de encobrir a invasão e o abuso do poder presidencial para obstruir a justiça.

Renúncia de Nixon : Conforme a investigação progredia, ficou claro que altos funcionários da administração Nixon estavam envolvidos no encobrimento. A mídia desempenhou um papel crucial na descoberta da verdade, com os jornalistas Bob Woodward e Carl Bernstein do The Washington Post liderando a acusação. Suas reportagens, baseadas em informações de uma fonte confidencial conhecida como "Deep Throat", ajudaram a expor a extensão do envolvimento da administração.

O escândalo atingiu seu clímax quando foi revelado que o presidente Nixon havia gravado secretamente conversas no Salão Oval. Essas fitas forneceram evidências concretas de seu envolvimento no encobrimento. Enfrentando provável impeachment, Nixon renunciou em 8 de agosto de 1974, tornando-se o primeiro presidente dos EUA a fazê-lo. Sua renúncia marcou uma virada na política americana, destacando a importância da responsabilidade e da transparência no governo.

Alegações do Estado Profundo : O escândalo Watergate foi citado por alguns como evidência de atividades do Estado Profundo. Os defensores dessa teoria argumentam que o escândalo foi orquestrado ou explorado por elementos dentro do governo para remover Nixon do poder. Eles apontam para o papel do FBI e outras agências de inteligência na investigação, sugerindo que essas entidades tinham seus próprios motivos para derrubar o presidente.

Uma das figuras-chave nessa narrativa é Mark Felt, o diretor associado do FBI que mais tarde foi revelado como "Deep Throat". A decisão de Felt de vazar informações para a imprensa foi interpretada por alguns como um ato de resistência interna contra as tentativas de Nixon de controlar o FBI. Essa perspectiva sugere que o Deep State usou o escândalo como uma oportunidade para reafirmar sua influência e manter sua autonomia.

Legado : O escândalo Watergate teve um impacto duradouro na política americana e na percepção pública da transparência do governo. Ele levou a reformas significativas visando aumentar a responsabilização e reduzir o potencial de abuso de poder. Essas reformas incluíram o estabelecimento do Office of Government Ethics, a aprovação do Ethics in Government Act e o fortalecimento do Freedom of Information Act.

O escândalo também teve um efeito profundo no papel da mídia na política. Ele ressaltou a importância do jornalismo investigativo para responsabilizar autoridades governamentais e proteger instituições democráticas. O legado de Watergate continua a influenciar como a mídia aborda escândalos políticos e as expectativas do público sobre transparência governamental.

Em resumo, o escândalo Watergate é um estudo de caso fundamental na narrativa do Deep State. Os eventos do escândalo, o papel da mídia e as reformas subsequentes destacam as complexidades do poder do governo e a importância da responsabilização. Entender Watergate é essencial para explorar o conceito mais amplo do Deep State e suas implicações para a democracia e a governança.

Caso Irã-Contra

O caso Irã-Contra é um dos escândalos políticos mais controversos da história americana, revelando uma complexa rede de operações secretas, atividades ilegais e tentativas de contornar a supervisão do Congresso. Este estudo de caso explora o contexto do caso, o envolvimento da administração Reagan, os esforços para encobrir o escândalo e suas implicações para a responsabilização do governo e a narrativa do Estado Profundo.

Contexto : O caso Irã-Contra começou em meados da década de 1980, durante o governo Reagan. Envolveu duas operações secretas separadas , mas interconectadas: a venda de armas ao Irã, que estava sob embargo de armas, e o desvio dos lucros dessas vendas para financiar os rebeldes Contra na Nicarágua. Os Contras estavam lutando para derrubar o governo sandinista, que era percebido como uma ameaça comunista no contexto da Guerra Fria.

A operação tinha como objetivo atingir múltiplos objetivos: garantir a libertação de reféns americanos mantidos pelo Hezbollah no Líbano (que tinha laços com o Irã) e apoiar os Contras, apesar de uma proibição do Congresso à ajuda militar dos EUA ao grupo. O caso veio à tona em novembro de 1986, quando um jornal libanês noticiou as vendas de armas, levando a uma série de investigações e revelações públicas.

Administração Reagan : Altos funcionários da administração Reagan estavam profundamente envolvidos nas operações Irã-Contra. Figuras-chave incluíam o Conselheiro de Segurança Nacional John Poindexter, seu vice Oliver North e o Diretor da CIA William Casey. O próprio Presidente Ronald Reagan estava implicado, embora a extensão de seu conhecimento e envolvimento permaneça um assunto de debate.

As ações da administração foram motivadas por uma combinação de comprometimento ideológico com o combate ao comunismo e uma disposição para contornar restrições legais e constitucionais. A Emenda Boland, aprovada pelo Congresso no início dos anos 1980, proibiu explicitamente mais assistência militar dos EUA aos Contras. A decisão da administração de contornar essa proibição usando fundos das vendas de armas ao Irã foi uma clara violação da lei.

Acobertamento e Exposição : Os esforços para acobertar o caso Irã-Contra começaram quase imediatamente após as operações serem expostas. Documentos foram destruídos, e autoridades envolvidas no escândalo forneceram testemunhos enganosos ou falsos aos investigadores. Apesar desses esforços, o caso foi eventualmente trazido à tona por meio de uma combinação de jornalismo investigativo, audiências no Congresso e o trabalho de um advogado independente.

A Tower Commission, nomeada pelo presidente Reagan, conduziu uma investigação inicial e criticou a administração por sua falta de supervisão e responsabilização. Isso foi seguido pelas audiências Irã-Contra, uma série de audiências televisionadas do Congresso que cativaram a nação. As audiências revelaram a extensão do envolvimento da administração e os esforços para encobrir o escândalo.

O Conselheiro Independente Lawrence Walsh foi nomeado para investigar o caso mais a fundo. Sua investigação levou ao indiciamento de vários oficiais seniores, incluindo Poindexter e North. Enquanto algumas condenações foram garantidas, muitas foram posteriormente anuladas em apelação, e o Presidente George HW Bush perdoou vários indivíduos envolvidos no escândalo durante seus últimos dias no cargo.

Implicações : O caso Irã-Contra teve implicações significativas para a percepção da responsabilidade do governo e a narrativa do Estado Profundo. O escândalo expôs a disposição de altos funcionários de se envolver em atividades ilegais e enganar o Congresso e o público. Ele destacou o potencial de abuso de poder dentro do poder executivo e os desafios de garantir uma supervisão eficaz.

O caso também reforçou a crença de que uma rede oculta de entidades poderosas opera nos bastidores, manipulando eventos e contornando processos democráticos. O envolvimento da CIA e o uso de operações secretas para atingir objetivos políticos se encaixam perfeitamente na narrativa do Deep State, sugerindo que autoridades não eleitas e agências de inteligência exercem influência significativa sobre a política nacional.

Em resumo, o caso Irã-Contra é um estudo de caso fundamental na narrativa do Estado Profundo. O pano de fundo do escândalo, o envolvimento da administração Reagan, os esforços para encobri-lo e as implicações para a responsabilização do governo ilustram as complexidades do poder e o potencial de abuso dentro do governo. Entender o caso Irã-Contra é essencial para explorar o conceito mais amplo do Estado Profundo e seu impacto na democracia e na governança.

11 de setembro e a guerra contra o terror

Os ataques terroristas de 11 de setembro de 2001 marcaram um ponto de virada na história moderna, levando a mudanças profundas na política interna e externa dos EUA. Este estudo de caso explora os eventos de 11 de setembro, a resposta do governo, o surgimento de teorias da conspiração e o impacto nas liberdades civis e na narrativa do Deep State.

Eventos de 11/9 : Na manhã de 11 de setembro de 2001, 19 terroristas associados ao grupo extremista Al-Qaeda sequestraram quatro aviões comerciais. Dois dos aviões foram lançados contra as torres gêmeas do World Trade Center na cidade de Nova York, causando o colapso das torres. Um terceiro avião atingiu o Pentágono em Arlington, Virgínia, enquanto o quarto avião, o voo 93 da United Airlines, caiu em um campo na Pensilvânia depois que os passageiros tentaram dominar os sequestradores. Os ataques resultaram em quase 3.000 mortes e destruição significativa, deixando um impacto duradouro nos Estados Unidos e no mundo.

Resposta do Governo : Após os ataques, o governo dos EUA lançou uma resposta abrangente com o objetivo de prevenir futuros incidentes terroristas. O presidente George W. Bush declarou uma "Guerra ao Terror", que incluiu intervenções militares no Afeganistão e no Iraque, o estabelecimento do Departamento de Segurança Interna e a implementação do USA PATRIOT Act. Essas medidas foram projetadas para aumentar a segurança nacional, mas também levantaram preocupações sobre as liberdades civis e o alcance excessivo do governo.

A invasão do Afeganistão em outubro de 2001 teve como objetivo desmantelar a Al-Qaeda e remover o Talibã do poder. Isso foi seguido pela invasão do Iraque em 2003, justificada por alegações de que o ditador iraquiano Saddam Hussein possuía armas de destruição em massa e tinha ligações com grupos terroristas. Ambos os conflitos tiveram consequências de longo alcance, incluindo engajamentos militares prolongados, perda significativa de vidas e instabilidade regional.

Teorias da conspiração : A natureza sem precedentes dos ataques de 11 de setembro e as ações governamentais subsequentes deram origem a inúmeras teorias da conspiração. Algumas dessas teorias sugerem que elementos dentro do governo dos EUA tinham conhecimento prévio dos ataques ou estavam diretamente envolvidos em orquestrá-los. Os defensores dessas teorias argumentam que os ataques foram usados como pretexto para justificar o aumento dos gastos militares, a expansão da vigilância e a erosão das liberdades civis.

Uma das teorias da conspiração mais proeminentes é a teoria do "trabalho interno", que alega que o governo dos EUA permitiu que os ataques acontecessem ou participou ativamente deles para promover uma agenda oculta. Essa teoria é apoiada por várias alegações, incluindo a suposta demolição controlada dos edifícios do World

Trade Center e o colapso suspeito do World Trade Center 7, que não foi atingido diretamente pelos aviões. Apesar de extensas investigações e relatórios oficiais desmascarando essas alegações, as teorias persistem e contribuem para a narrativa do Deep State.

Impacto nas Liberdades Civis : A resposta do governo ao 11 de setembro teve implicações significativas para as liberdades civis e a privacidade. O USA PATRIOT Act, aprovado em outubro de 2001, expandiu as capacidades de vigilância do governo, permitindo o monitoramento de chamadas telefônicas, e-mails e transações financeiras sem um mandado. Embora essas medidas tivessem a intenção de aumentar a segurança nacional, elas também levantaram preocupações sobre o potencial de abuso e violação de direitos individuais.

O estabelecimento do Departamento de Segurança Interna e a implementação de várias medidas de segurança, como triagens em aeroportos e o uso de listas de proibição de voos, destacaram ainda mais a tensão entre segurança e liberdades civis. As práticas de detenção e interrogatório na Baía de Guantánamo e outras instalações, incluindo o uso de tortura, provocaram críticas generalizadas e desafios legais. Essas ações contribuíram para a percepção de um Estado Profundo que opera com autonomia e poder significativos, muitas vezes às custas da transparência e da responsabilização.

Conclusão : Os eventos de 11/9 e a subsequente Guerra ao Terror são cruciais para entender a narrativa do Estado Profundo. A resposta do governo, o surgimento de teorias da conspiração e o impacto nas liberdades civis ilustram as complexidades de equilibrar segurança e direitos individuais. A percepção de uma rede oculta manipulando eventos e erodindo princípios democráticos ressalta a importância da transparência e da responsabilização na governança.

Edward Snowden e a vigilância em massa

As revelações de Edward Snowden em 2013 sobre a extensão da vigilância em massa conduzida pela National Security Agency (NSA) e outras agências de inteligência marcaram um momento significativo na história da transparência governamental e das liberdades civis. Este estudo de caso explora as divulgações de Snowden, os detalhes dos programas de vigilância, a resposta do governo e os efeitos de longo prazo na privacidade e na narrativa do Deep State.

Contexto : Edward Snowden, um ex-contratado da NSA, vazou um vasto tesouro de documentos confidenciais para os jornalistas Glenn Greenwald, Laura Poitras e Ewen MacAskill. Esses documentos revelaram a existência de extensos programas de vigilância que coletavam dados sobre milhões de pessoas no mundo todo, muitas vezes sem seu conhecimento ou consentimento. A decisão de Snowden de expor esses programas foi motivada por sua crença de que o público tinha o direito de saber sobre as ações do governo e os potenciais abusos de poder.

PRISM e outros programas : Um dos programas mais significativos expostos por Snowden foi o PRISM, que permitiu à NSA coletar dados diretamente dos servidores de grandes empresas de tecnologia, incluindo Google, Facebook, Microsoft e Apple. Esses dados incluíam e-mails, mensagens de bate-papo, vídeos e outras formas de comunicação. O programa operava sob o Foreign Intelligence Surveillance Act (FISA), que permitia a coleta de informações de inteligência estrangeira, mas também coletava grandes quantidades de dados de cidadãos americanos.

Além do PRISM, os documentos de Snowden revelaram outros programas de vigilância, como o XKeyscore, que permitia que analistas pesquisassem em vastos bancos de dados de e-mails, chats online e históricos de navegação sem autorização prévia. Os documentos também detalhavam os esforços da NSA para minar os padrões de criptografia e colaborar com agências de inteligência estrangeiras para expandir suas capacidades de vigilância.

Governo e Reação Pública : A resposta do governo às revelações de Snowden foi rápida e severa. O Departamento de Justiça dos EUA acusou Snowden de roubo de propriedade do governo e violações do Espionage Act. Enfrentando uma possível prisão, Snowden fugiu para Hong Kong e mais tarde recebeu asilo na Rússia, onde permanece até hoje.

A reação pública às revelações de Snowden foi mista. Enquanto alguns o viam como um traidor que colocava em risco a segurança nacional, outros o viam como um denunciante que expôs sérios abusos de poder. As revelações desencadearam um debate global sobre privacidade, vigilância e o equilíbrio entre segurança e liberdades civis. Muitas pessoas ficaram chocadas com a extensão das atividades de vigilância do governo e a falta de transparência e supervisão.

Efeitos de longo prazo : as divulgações de Snowden tiveram efeitos significativos de longo prazo na privacidade, na transparência do governo e na narrativa do Deep State. Em resposta ao clamor público, o governo dos EUA implementou várias reformas com o objetivo de aumentar a supervisão e a responsabilização. O USA FREEDOM Act, aprovado em 2015, encerrou a coleta em massa de metadados de telefone e introduziu novas medidas de transparência para atividades de vigilância.

Apesar dessas reformas, as preocupações sobre vigilância em massa e excesso de poder do governo persistem. As revelações destacaram o potencial de abuso de poder por agências de inteligência e reforçaram a percepção de um Deep State que opera com autonomia e influência significativas. A colaboração entre empresas de tecnologia e agências governamentais também levantou questões sobre o papel das corporações privadas na vigilância e na proteção da privacidade individual.

As revelações de Snowden tiveram um impacto duradouro na compreensão do público sobre vigilância e a importância de proteger as liberdades civis. Elas inspiraram uma nova geração de ativistas e tecnólogos a defender proteções de privacidade mais fortes e maior transparência nas operações governamentais. O debate sobre o equilíbrio entre segurança e privacidade continua a moldar as discussões políticas e a opinião pública.

Conclusão : O caso de Edward Snowden e a vigilância em massa é um momento crucial na narrativa do Deep State. As revelações de Snowden sobre a extensão dos programas de vigilância do governo, os detalhes do PRISM e outras iniciativas, a resposta do governo e os efeitos de longo prazo sobre a privacidade e a transparência ilustram as complexidades do poder e o potencial de abuso dentro da comunidade de inteligência. Entender as revelações de Snowden é essencial para explorar o conceito mais amplo do Deep State e suas implicações para a democracia e a governança.

Capítulo 5: O Alcance Global

Influência Internacional

O conceito de Deep State se estende além das fronteiras nacionais, sugerindo uma rede oculta de entidades poderosas que influenciam políticas e decisões globais. Esta seção explora os papéis de organizações internacionais, redes transnacionais e sua suposta influência na modelagem de políticas globais.

Organizações globais : organizações internacionais como a Organização das Nações Unidas (ONU), o Fundo Monetário Internacional (FMI) e o Banco Mundial são frequentemente implicadas na narrativa do Estado Profundo. Essas organizações são vistas como instrumentos por meio dos quais elites poderosas exercem controle sobre os assuntos globais. A ONU, criada em 1945, visa promover a paz, a segurança e a cooperação entre as nações. No entanto, os críticos argumentam que seus processos de tomada de decisão são dominados por alguns países poderosos, particularmente os membros permanentes do Conselho de Segurança (Estados Unidos, Reino Unido, França, Rússia e China).

O FMI e o Banco Mundial, ambos estabelecidos após a Segunda Guerra Mundial, têm a tarefa de promover a estabilidade econômica global e o desenvolvimento. Essas instituições fornecem assistência financeira e aconselhamento político a países necessitados, mas seus programas geralmente vêm com condições rigorosas que os críticos argumentam que atendem aos interesses de nações ricas e corporações multinacionais. Os programas de ajuste estrutural impostos pelo FMI, por exemplo, foram criticados por priorizar a liberalização do mercado e medidas de austeridade que podem levar a dificuldades sociais e econômicas nos países beneficiários.

Redes Transnacionais : Além de organizações internacionais formais, redes e alianças transnacionais também são vistas como participantes-chave na narrativa do Deep State. Grupos como o Bilderberg Group, a Trilateral Commission e o Council on Foreign Relations são frequentemente citados como exemplos de reuniões de elite onde políticas globais são supostamente moldadas a portas fechadas.

O Bilderberg Group, fundado em 1954, é uma conferência anual frequentada por líderes políticos, executivos de negócios e acadêmicos da América do Norte e Europa. As reuniões são realizadas em privado, e a falta de transparência alimentou especulações sobre a influência do grupo em assuntos globais. Da mesma forma, a Comissão Trilateral, estabelecida em 1973 por David Rockefeller, reúne líderes da América do Norte, Europa e Ásia para discutir e coordenar políticas sobre questões econômicas e políticas.

Global Policy Shaping : A influência dessas organizações e redes na política global é um tema central na narrativa do Deep State. Os proponentes argumentam que as decisões tomadas nesses fóruns frequentemente priorizam os interesses de elites poderosas sobre os da população em geral. Por exemplo, acordos comerciais negociados por meio da Organização Mundial do Comércio (OMC) são vistos como beneficiando corporações multinacionais às custas dos direitos dos trabalhadores e das proteções ambientais.

A coordenação de políticas econômicas por meio de instituições como o FMI e o Banco Mundial também é vista com suspeita. Críticos argumentam que essas instituições impõem políticas econômicas neoliberais que favorecem a desregulamentação, a privatização e o livre comércio, muitas vezes em detrimento de programas de bem-estar social e serviços públicos. A influência dessas políticas pode ser vista na adoção generalizada de medidas de austeridade em resposta a crises econômicas, que desencadearam protestos e agitação social em muitos países.

Estudos de caso : Vários estudos de caso ilustram a suposta influência de organizações internacionais e redes transnacionais na política global. A crise da dívida europeia, que começou em 2009, viu países como Grécia, Espanha e Portugal implementarem severas medidas de austeridade como condição para receber assistência financeira do FMI e do Banco Central Europeu. Essas medidas levaram a dificuldades sociais e econômicas significativas, alimentando críticas ao papel das instituições na formação de políticas nacionais.

Outro exemplo é a Parceria Transpacífica (TPP), um acordo comercial negociado em segredo por 12 países da Bacia do Pacífico. Os críticos argumentaram que o acordo favorecia os interesses corporativos e carecia de proteções adequadas para os direitos trabalhistas e o meio ambiente. O segredo em torno das negociações e a influência de lobistas corporativos reforçaram a percepção de uma rede oculta moldando as políticas comerciais globais.

Conclusão : Os papéis das organizações internacionais e redes transnacionais na narrativa do Deep State destacam a influência percebida de elites poderosas em políticas e decisões globais. A falta de transparência e responsabilidade nessas instituições alimenta suspeitas de uma rede oculta manipulando eventos nos bastidores. Entender a influência dessas entidades é essencial para explorar o conceito mais amplo do Deep State e suas implicações para a governança global.

Governos estrangeiros e agências de inteligência

A colaboração entre agências de inteligência dos EUA e suas contrapartes estrangeiras é um aspecto significativo da narrativa do Deep State. Esta seção explora os esforços colaborativos, operações conjuntas e a influência que esses relacionamentos têm em políticas estrangeiras e eventos globais.

Esforços colaborativos : agências de inteligência dos EUA, como a CIA e a NSA, frequentemente colaboram com serviços de inteligência estrangeiros para coletar informações, conduzir operações e abordar preocupações mútuas de segurança. Essas colaborações são frequentemente formalizadas por meio de alianças e acordos, como a aliança "Five Eyes", que inclui os Estados Unidos, o Reino Unido, o Canadá, a Austrália e a Nova Zelândia. Essa aliança facilita o compartilhamento de inteligência e a coordenação de atividades de vigilância entre os países membros.

A colaboração se estende além da aliança Five Eyes para incluir outros parceiros importantes, como o MI6 (Serviço Secreto de Inteligência do Reino Unido), o Mossad (agência nacional de inteligência de Israel) e o FSB (Serviço Federal de Segurança da Rússia). Esses relacionamentos são construídos em interesses mútuos e na necessidade de lidar com ameaças comuns, como terrorismo, ataques cibernéticos e a proliferação de armas de destruição em massa.

Operações Conjuntas : Operações de inteligência conjuntas são um componente crítico desses esforços colaborativos. Essas operações geralmente envolvem o compartilhamento de recursos, expertise e inteligência para atingir objetivos estratégicos. Por exemplo, a CIA e o MI6 têm uma longa história de trabalho conjunto em operações secretas, incluindo o golpe de 1953 no Irã (Operação Ajax) e o apoio às forças antissoviéticas no Afeganistão durante a década de 1980.

Mais recentemente, operações conjuntas têm se concentrado em esforços de contraterrorismo. A colaboração entre agências de inteligência dos EUA e de Israel, por exemplo, tem sido fundamental para rastrear e neutralizar ameaças terroristas no Oriente Médio. O uso de tecnologias avançadas de vigilância e inteligência humana (HUMINT) permitiu que essas agências interrompessem redes terroristas e prevenissem ataques.

Influência em Políticas Externas : A colaboração entre agências de inteligência pode influenciar significativamente as políticas externas dos países envolvidos. Avaliações e recomendações de inteligência frequentemente moldam decisões políticas, particularmente em áreas relacionadas à segurança e defesa nacional. As informações coletadas por meio de operações conjuntas e atividades de vigilância fornecem aos formuladores de políticas insights sobre ameaças e oportunidades globais, orientando suas escolhas estratégicas.

Por exemplo, a inteligência compartilhada entre os EUA e seus aliados desempenhou um papel crucial na formação da resposta aos ataques de 11 de setembro e à subsequente Guerra ao Terror. Os esforços coordenados para rastrear e desmantelar redes terroristas influenciaram as políticas externas de vários países, levando a intervenções militares, aumento de medidas de segurança e mudanças nas relações internacionais.

A influência das agências de inteligência na política externa não é isenta de controvérsias. Os críticos argumentam que a confiança em avaliações de inteligência pode levar a uma tomada de decisão tendenciosa ou falha, particularmente quando a informação é usada para justificar ações ou intervenções militares. A invasão do Iraque em 2003, com base em relatórios de inteligência sobre armas de destruição em massa que mais tarde foram provados como imprecisos, é um exemplo notável de como a inteligência pode moldar a política externa com consequências de longo alcance.

Estudos de caso : Vários estudos de caso ilustram o impacto dos esforços de inteligência colaborativa em eventos globais. A operação conjunta entre a CIA e o MI6 para derrubar o primeiro-ministro do Irã, Mohammad Mossadegh, em 1953, é um exemplo clássico de como a colaboração de inteligência pode influenciar a política externa. A operação, motivada por preocupações com a nacionalização do petróleo e a disseminação do comunismo, levou à reintegração do Xá e teve implicações de longo prazo para as relações EUA-Irã.

Outro exemplo é a colaboração entre agências de inteligência dos EUA e de Israel no desenvolvimento e na implantação do vírus Stuxnet, uma arma cibernética usada para interromper o programa nuclear do Irã. Esta operação demonstrou as capacidades das operações cibernéticas conjuntas e destacou o papel das agências de inteligência na formação de paisagens tecnológicas e geopolíticas.

Conclusão : A colaboração entre agências de inteligência dos EUA e suas contrapartes estrangeiras é um elemento-chave da narrativa do Deep State. Esses esforços colaborativos, operações conjuntas e a influência em políticas estrangeiras ressaltam o poder e o alcance percebidos das redes de inteligência. Entender essas relações é essencial para explorar o conceito mais amplo do Deep State e suas implicações para a governança global e as relações internacionais.

Controle Econômico e Mercados Globais

O controle econômico e a manipulação dos mercados globais são temas centrais na narrativa do Deep State. Esta seção explora os papéis das instituições financeiras globais, o uso de alavancagem econômica e estudos de caso que ilustram o impacto dessas intervenções nas economias nacionais e nos mercados globais.

Instituições Financeiras Globais : Instituições como o Fundo Monetário Internacional (FMI) e o Banco Mundial desempenham papéis significativos na economia global. Estabelecidas após a Segunda Guerra Mundial, essas instituições visam promover a estabilidade econômica e o desenvolvimento, fornecendo assistência financeira e aconselhamento político a países necessitados. No entanto, os críticos argumentam que seus programas geralmente vêm com condições rigorosas que priorizam os interesses de nações ricas e corporações multinacionais sobre os dos países beneficiários.

O FMI, por exemplo, fornece empréstimos a países que enfrentam crises econômicas, mas normalmente exige a implementação de programas de ajuste estrutural (SAPs) como condição para receber ajuda. Esses programas geralmente incluem medidas como redução de gastos do governo, privatização de empresas estatais e liberalização de políticas comerciais. Embora pretendam estabilizar economias e promover o crescimento, os SAPs têm sido criticados por levar a dificuldades sociais e econômicas, incluindo aumento da pobreza e da desigualdade.

Alavancagem econômica : O uso de alavancagem econômica para influenciar políticas e decisões nacionais é um aspecto fundamental da narrativa do Deep State. Países poderosos e instituições financeiras podem exercer pressão significativa sobre os governos para adotar políticas que se alinhem com seus interesses. Essa alavancagem pode assumir várias formas, incluindo empréstimos condicionais, acordos comerciais e sanções econômicas.

Empréstimos condicionais de instituições como o FMI e o Banco Mundial frequentemente exigem que os países beneficiários implementem reformas econômicas específicas. Essas condições podem moldar políticas nacionais de maneiras que beneficiem investidores estrangeiros e corporações multinacionais. Por exemplo, a privatização de serviços públicos e a desregulamentação de mercados podem criar oportunidades para empresas estrangeiras entrarem e dominarem mercados locais.

Acordos comerciais são outra ferramenta de alavancagem econômica. Acordos como o Acordo de Livre Comércio da América do Norte (NAFTA) e a Parceria Transpacífica (TPP) são projetados para promover o livre comércio e a integração econômica. No entanto, os críticos argumentam que esses acordos geralmente favorecem os interesses corporativos e podem minar os direitos trabalhistas, as proteções ambientais e a soberania nacional. O processo de negociação para esses acordos é normalmente conduzido em segredo, alimentando ainda mais as suspeitas de uma agenda oculta.

Sanções econômicas são uma forma mais direta de alavancagem, usada para pressionar países a mudar suas políticas ou comportamento. Sanções podem ter como alvo indústrias específicas, transações financeiras ou indivíduos, e podem ter impactos econômicos e políticos significativos. O uso de sanções por países poderosos, particularmente os Estados Unidos, é frequentemente visto como uma forma de exercer controle sobre outras nações e impor conformidade com normas internacionais.

Estudos de caso : Vários estudos de caso ilustram o impacto de intervenções econômicas em economias nacionais e mercados globais. A crise da dívida europeia, que começou em 2009, é um exemplo notável. Países como Grécia, Espanha e Portugal enfrentaram graves desafios econômicos e foram forçados a implementar medidas de austeridade como condição para receber assistência financeira do FMI e do Banco Central Europeu. Essas medidas incluíam cortes nos gastos públicos, aumentos de impostos e reformas no mercado de trabalho. Embora destinadas a estabilizar as economias, as medidas de austeridade levaram a dificuldades sociais e econômicas significativas, incluindo alto desemprego, redução de serviços públicos e protestos generalizados.

Outro exemplo são as sanções econômicas impostas ao Irã pelos Estados Unidos e seus aliados. Essas sanções tinham como alvo a indústria petrolífera, o setor financeiro e outras áreas-chave da economia do Irã, com o objetivo de pressionar o governo iraniano a abandonar seu programa nuclear. As sanções tiveram um impacto profundo na economia do Irã, levando à inflação, desvalorização da moeda e escassez de bens essenciais. O uso de sanções como uma ferramenta de alavancagem econômica destaca o poder das instituições financeiras e dos países poderosos de influenciar políticas e decisões nacionais.

Conclusão : O controle econômico e a manipulação dos mercados globais são centrais para a narrativa do Deep State. Os papéis das instituições financeiras globais, o uso da alavancagem econômica e o impacto das intervenções econômicas nas economias nacionais ilustram o poder e a influência percebidos de uma rede oculta de entidades poderosas. Entender esses mecanismos é essencial para explorar o conceito mais amplo do Deep State e suas implicações para a governança global e a estabilidade econômica.

Controle de Mídia e Informação

O controle da mídia e da informação são mecanismos essenciais por meio dos quais se acredita que o Deep State molda a opinião pública e influencia as relações internacionais. Esta seção explora a influência das redes globais de mídia, o uso de guerra de informação e propaganda, e o impacto nas relações internacionais e na percepção pública.

Redes de mídia globais : redes de mídia globais, como CNN, BBC e Al Jazeera, desempenham um papel significativo na formação da opinião pública e na disseminação de informações em todo o mundo. Essas redes têm amplo alcance e influência, frequentemente definindo a agenda para cobertura de notícias e discurso público. Os críticos argumentam que esses veículos de mídia são controlados por elites poderosas que os usam para promover narrativas específicas e suprimir visões divergentes.

A consolidação da propriedade da mídia alimentou ainda mais as suspeitas de uma agenda oculta. Um pequeno número de conglomerados controla uma parcela significativa do cenário da mídia global, levando a preocupações sobre a falta de diversidade em pontos de vista e o potencial para mensagens coordenadas. Essa concentração de poder permite a manipulação de informações para servir aos interesses do Deep State, garantindo que certas narrativas dominem a esfera pública enquanto perspectivas alternativas são marginalizadas.

Guerra de Informação : A guerra de informação envolve o uso de tecnologias de informação e comunicação para influenciar, interromper ou manipular a percepção e o comportamento do público. Isso pode incluir a disseminação de propaganda, a disseminação de desinformação e o uso de operações psicológicas (PsyOps) para atingir objetivos estratégicos. A guerra de informação é um componente-chave da narrativa do Deep State, sugerindo que entidades poderosas usam essas táticas para manter o controle e influenciar eventos globais.

Propaganda é uma ferramenta central na guerra de informação, usada para moldar a opinião pública e promover agendas específicas. Isso pode envolver o uso de linguagem carregada de emoção, apresentação seletiva de fatos e o enquadramento de questões de uma forma que apoie a narrativa desejada. O objetivo é criar um ambiente de informação controlado onde o público seja exposto a uma mensagem consistente e favorável.

Desinformação, ou a disseminação deliberada de informações falsas ou enganosas, é outra tática usada na guerra de informação. Campanhas de desinformação podem ser usadas para semear confusão, minar a confiança em instituições e criar divisões dentro das sociedades. A ascensão das mídias sociais ampliou o alcance e o impacto da desinformação, permitindo que ela se espalhasse rapidamente e influenciasse grandes públicos.

Impacto nas Relações Internacionais : O controle da mídia e da informação tem implicações significativas para as relações internacionais. As narrativas promovidas pelas redes globais de mídia podem moldar as percepções e ações de governos, organizações e indivíduos. Essa influência pode afetar relações diplomáticas, políticas econômicas e estratégias de segurança.

Por exemplo, a cobertura da mídia sobre conflitos e crises pode influenciar a opinião pública e as respostas do governo. O retrato de eventos no Oriente Médio, por exemplo, moldou percepções e políticas internacionais em relação à região. O enquadramento de conflitos, a seleção de fontes e a ênfase em certos aspectos da história podem contribuir para a formação de atitudes públicas e governamentais.

A guerra de informação também pode ser usada para desestabilizar adversários e atingir objetivos estratégicos. Campanhas de desinformação patrocinadas pelo Estado, como aquelas supostamente conduzidas pela Rússia durante a eleição presidencial dos EUA em 2016, visam influenciar resultados políticos e criar divisões dentro dos países-alvo. Essas campanhas podem minar a confiança em processos e instituições democráticas, contribuindo para a percepção de uma rede oculta manipulando eventos nos bastidores.

Estudos de caso : Vários estudos de caso ilustram o impacto do controle da mídia e da informação nas relações internacionais. A cobertura da Guerra do Iraque em 2003 é um exemplo notável. Os meios de comunicação desempenharam um papel crucial na formação da opinião pública e nas decisões do governo ao promover a narrativa de que o Iraque possuía armas de destruição em massa. Essa narrativa, mais tarde provada como falsa, foi usada para justificar a invasão e teve consequências de longo alcance para a região e a política global.

Outro exemplo é o uso de mídias sociais nas revoltas da Primavera Árabe. Plataformas de mídias sociais como Twitter e Facebook foram instrumentais na organização de protestos e na disseminação de informações. No entanto, essas plataformas também foram usadas para espalhar desinformação e propaganda, influenciando o curso dos eventos e as respostas de governos e atores internacionais.

Conclusão : O controle da mídia e da informação são mecanismos-chave por meio dos quais se acredita que o Deep State molda a opinião pública e influencia as relações internacionais. A influência das redes globais de mídia, o uso de guerra de informação e propaganda e o impacto nas relações internacionais ressaltam o poder e o alcance percebidos de uma rede oculta. Entender esses mecanismos é essencial para explorar o conceito mais amplo do Deep State e suas implicações para a governança global e a percepção pública.

Influência Tecnológica e Operações Cibernéticas

Avanços tecnológicos e operações cibernéticas desempenham um papel crucial na narrativa do Deep State, destacando a intersecção de tecnologia, vigilância e influência global. Esta seção explora o papel da espionagem cibernética, programas de vigilância global e a colaboração entre empresas de tecnologia e governos na formação de eventos globais e na manutenção do controle.

Espionagem cibernética : A espionagem cibernética envolve o uso de hacking e outras técnicas cibernéticas para reunir inteligência, interromper operações e influenciar eventos. Grupos de hackers patrocinados pelo estado, geralmente vinculados a agências nacionais de inteligência, conduzem espionagem cibernética para obter vantagens estratégicas sobre adversários. Essas operações podem ter como alvo agências governamentais, instalações militares, corporações e infraestrutura crítica.

Um dos exemplos mais notáveis de espionagem cibernética são as atividades do grupo de hackers russo conhecido como APT28 (Fancy Bear), que se acredita estar ligado à agência de inteligência militar russa GRU. Este grupo foi implicado em vários ataques cibernéticos, incluindo o hackeamento do Comitê Nacional Democrata (DNC) durante a eleição presidencial dos EUA de 2016. Os e-mails roubados vazaram para o público, influenciando o resultado da eleição e destacando o impacto potencial das operações cibernéticas nos processos democráticos.

Outro exemplo significativo são as atividades de espionagem cibernética da China, frequentemente atribuídas a grupos como APT10 (Stone Panda) e APT41 (Double Dragon). Esses grupos têm como alvo uma ampla gama de indústrias, incluindo tecnologia, saúde e finanças, para roubar propriedade intelectual e informações confidenciais. A escala e a sofisticação dessas operações ressaltam a importância estratégica da espionagem cibernética no cenário geopolítico moderno.

Vigilância Global : Programas de vigilância global são um componente-chave da narrativa do Deep State, sugerindo que governos e agências de inteligência monitoram comunicações e atividades em grande escala. As revelações de Edward Snowden em 2013 sobre os programas de vigilância da NSA, como PRISM e XKeyscore, destacaram a extensão dessas atividades. Esses programas coletaram dados de milhões de pessoas em todo o mundo, muitas vezes sem seu conhecimento ou consentimento.

A colaboração entre agências de inteligência e empresas de tecnologia é central para esses esforços de vigilância. Empresas como Google, Facebook e Microsoft foram obrigadas a fornecer acesso a dados de usuários sob programas autorizados por leis como o Foreign Intelligence Surveillance Act (FISA). Essa colaboração levanta preocupações significativas de privacidade e questões sobre o equilíbrio entre segurança e direitos individuais.

Alianças Tecnológicas : A colaboração entre empresas de tecnologia e governos se estende além da vigilância para incluir o desenvolvimento e a implantação de tecnologias avançadas. Essas alianças podem envolver o compartilhamento de expertise, recursos e capacidades para atingir objetivos estratégicos. Por exemplo, a parceria entre o Departamento de Defesa dos EUA e empresas de tecnologia por meio de iniciativas como a Defense Innovation Unit (DIU) visa alavancar tecnologias comerciais para aplicações militares.

O uso de inteligência artificial (IA) e aprendizado de máquina em vigilância e operações cibernéticas é uma área de preocupação crescente. A IA pode aprimorar as capacidades dos sistemas de vigilância, permitindo análises mais sofisticadas de grandes conjuntos de dados e a identificação de ameaças potenciais. No entanto, a implantação da IA nesses contextos também levanta questões éticas e legais sobre responsabilidade, preconceito e potencial para abuso.

Estudos de caso : Vários estudos de caso ilustram o impacto da influência tecnológica e das operações cibernéticas em eventos globais. O vírus Stuxnet, uma operação conjunta entre as agências de inteligência dos EUA e de Israel, é um exemplo notável. O Stuxnet era uma arma cibernética sofisticada projetada para interromper o programa nuclear do Irã, mirando seus sistemas de controle industrial. A operação demonstrou o potencial das operações cibernéticas para atingir objetivos estratégicos sem a intervenção militar tradicional.

Outro exemplo é o uso de plataformas de mídia social para campanhas de desinformação. A interferência russa na eleição presidencial dos EUA de 2016 envolveu o uso de mídia social para espalhar informações falsas, criar divisões e influenciar a opinião pública. Essas atividades destacaram o papel da tecnologia na formação de resultados políticos e os desafios de lidar com a desinformação na era digital.

Conclusão : A influência tecnológica e as operações cibernéticas são centrais para a narrativa do Deep State, destacando a intersecção de tecnologia, vigilância e influência global. O papel da espionagem cibernética, programas de vigilância global e a colaboração entre empresas de tecnologia e governos ressaltam o poder e o alcance percebidos de uma rede oculta. Entender esses mecanismos é essencial para explorar o conceito mais amplo do Deep State e suas implicações para a governança e segurança globais.

Capítulo 6: Percepção e Impacto Público

Opinião Pública e Confiança no Governo
A opinião pública e a confiança no governo flutuaram significativamente ao longo do tempo, influenciadas por grandes eventos, escândalos políticos e mudanças sociais mais amplas. Entender essas tendências é crucial para explorar o impacto da narrativa do Deep State na percepção pública e na confiança nas instituições democráticas.

Tendências Históricas : Historicamente, a confiança pública no governo tem experimentado altos e baixos notáveis. Nos Estados Unidos, a confiança no governo foi relativamente alta durante a era pós-Segunda Guerra Mundial, atingindo o pico no início dos anos 1960. Este período foi caracterizado pela prosperidade econômica, liderança forte e um senso de unidade nacional. No entanto, a confiança começou a declinar no final dos anos 1960 e 1970, influenciada por eventos como a Guerra do Vietnã e o escândalo Watergate.

O escândalo Watergate , em particular, teve um impacto profundo na confiança pública. A revelação de atividades ilegais e a subsequente renúncia do presidente Richard Nixon corroeram a confiança na integridade dos funcionários do governo. Este período marcou o início de uma atitude mais cética e desconfiada em relação ao governo, que persistiu em vários graus desde então.

Impacto dos Escândalos : Escândalos políticos desempenharam um papel significativo na formação da confiança pública no governo. Escândalos como Watergate, o caso Irã-Contra e controvérsias mais recentes como as revelações da vigilância da NSA por Edward Snowden expuseram casos de má conduta governamental e abuso de poder. Esses eventos reforçaram a percepção de que funcionários do governo podem agir em seus próprios interesses em vez dos do público.

O caso Irã-Contra, que envolveu a venda secreta de armas ao Irã e o desvio de fundos para apoiar os rebeldes Contra na Nicarágua, prejudicou ainda mais a confiança pública. O escândalo revelou uma disposição entre altos funcionários de contornar restrições legais e constitucionais, levando a um sentimento de traição entre o público. Da mesma forma, as revelações de Snowden sobre programas de vigilância em massa destacaram a extensão da intrusão do governo na vida privada dos indivíduos, levantando preocupações sobre privacidade e liberdades civis.

Pesquisas e enquetes : Dados de pesquisas e enquetes fornecem insights valiosos sobre os níveis atuais de confiança no governo e crença no Estado Profundo. De acordo com uma pesquisa do Pew Research Center de 2021, apenas 24% dos americanos disseram que confiam no governo federal para fazer o que é certo "quase sempre" ou "na maioria das vezes". Isso representa um declínio significativo em relação à década de 1960, quando os níveis de confiança eram muito mais altos.

A crença no Estado Profundo também se reflete em dados de pesquisa. Uma pesquisa da Universidade Monmouth de 2017 descobriu que quase três quartos dos americanos acreditavam na existência de um Estado Profundo, definido como um grupo de oficiais governamentais e militares não eleitos que secretamente manipulam ou dirigem a política nacional. Essa crença é mais prevalente entre certos grupos políticos, particularmente aqueles que se sentem marginalizados ou desconfiados do sistema político atual.

Sentimento público : O sentimento público em relação à transparência e à responsabilidade do governo evoluiu ao longo do tempo, influenciado por eventos históricos, cobertura da mídia e retórica política. A demanda por maior transparência e responsabilidade cresceu, impulsionada pelo desejo de responsabilizar os funcionários do governo por suas ações e garantir que os princípios democráticos sejam mantidos.

A ascensão das mídias sociais e da comunicação digital também desempenhou um papel na formação do sentimento público. Essas plataformas tornaram mais fácil para os indivíduos acessarem informações, compartilharem suas opiniões e se mobilizarem em torno de questões preocupantes. No entanto, elas também contribuíram para a disseminação de desinformação e teorias da conspiração, complicando os esforços para construir confiança e promover o discurso público informado.

Em resumo, a opinião pública e a confiança no governo foram moldadas por tendências históricas, escândalos políticos e mudanças sociais mais amplas. O impacto desses fatores é evidente em dados de pesquisa e sentimento público, destacando os desafios de manter a confiança em instituições democráticas. Entender essas dinâmicas é essencial para explorar o conceito mais amplo do Deep State e suas implicações para a democracia e a governança.

Influência da mídia na percepção pública

A mídia desempenha um papel crucial na formação da percepção pública e da confiança no governo. Por meio da cobertura de eventos políticos, escândalos e notícias diárias, os veículos de mídia influenciam como as pessoas entendem e interpretam as ações de seus líderes e instituições. Esta seção explora o impacto da cobertura da mídia, o papel do jornalismo investigativo, o viés da mídia e a influência da mídia social na percepção pública.

Cobertura da mídia : A cobertura da mídia sobre eventos e escândalos políticos molda significativamente a percepção pública. A maneira como as histórias são relatadas, a linguagem usada e a ênfase colocada em certos aspectos podem influenciar como o público interpreta esses eventos. Por exemplo, durante o escândalo Watergate, a reportagem persistente e detalhada do The Washington Post desempenhou um papel crítico na descoberta da verdade e na formação da opinião pública sobre o envolvimento do presidente Nixon.

O papel da mídia em definir a agenda — decidir quais questões são importantes e dignas de cobertura — também afeta a percepção pública. Ao destacar certas histórias e minimizar outras, os veículos de mídia podem influenciar o que o público considera questões significativas. Essa função de definição de agenda pode moldar o cenário político e impactar a confiança pública no governo.

Papel do Jornalismo Investigativo : O jornalismo investigativo é uma ferramenta poderosa para descobrir operações ocultas e responsabilizar autoridades governamentais. Jornalistas que investigam profundamente questões complexas e expõem irregularidades desempenham um papel vital na manutenção da transparência e na promoção da confiança em instituições democráticas. O trabalho de jornalistas como Bob Woodward e Carl Bernstein durante o escândalo Watergate é um excelente exemplo de como o jornalismo investigativo pode trazer questões críticas à tona e influenciar a percepção pública.

Mais recentemente, o jornalismo investigativo expôs questões significativas, como os programas de vigilância em massa da NSA, os Panama Papers e vários casos de corrupção política. Essas revelações frequentemente levam a protestos públicos, investigações legais e mudanças de políticas, demonstrando o impacto do jornalismo investigativo na governança e na confiança pública.

Viés da mídia e confiança : O viés da mídia é uma questão controversa que afeta a confiança do público na mídia e, por extensão, no governo. O viés pode se manifestar de várias maneiras, incluindo a seleção de histórias, o enquadramento de questões e a linguagem usada nas reportagens. O viés percebido pode levar ao ceticismo e à desconfiança entre o público, principalmente se eles sentirem que a mídia não está fornecendo um retrato equilibrado ou preciso dos eventos.

Estudos mostram que o viés da mídia pode reforçar crenças existentes e contribuir para a polarização política. Quando as pessoas consomem notícias que se alinham com suas visões preexistentes, elas têm mais probabilidade de confiar nessas informações e desconfiar de fontes que apresentam perspectivas opostas. Esse fenômeno, conhecido como viés de confirmação, pode aprofundar divisões e tornar mais desafiador alcançar consenso sobre questões importantes.

Influência da mídia social : a mídia social transformou a maneira como a informação é disseminada e consumida, desempenhando um papel significativo na formação da percepção pública. Plataformas como Twitter, Facebook e YouTube permitem que indivíduos compartilhem notícias, opiniões e informações com um público global. Embora essa democratização da informação possa ser fortalecedora, ela também apresenta desafios.

A natureza viral das mídias sociais significa que informações — tanto precisas quanto falsas — podem se espalhar rapidamente. Desinformação e teorias da conspiração podem ganhar força rapidamente, influenciando a percepção pública e a confiança no governo. Os algoritmos usados pelas plataformas de mídia social geralmente priorizam conteúdo sensacionalista, o que pode exacerbar a disseminação de informações enganosas.

A mídia social também fornece uma plataforma para vozes alternativas e jornalismo independente, que podem desafiar narrativas tradicionais e fornecer perspectivas diversas. No entanto, a falta de supervisão editorial e a prevalência de câmaras de eco — onde os usuários são expostos principalmente a informações que reforçam suas crenças existentes — podem contribuir para a desinformação e a polarização.

Conclusão : A influência da mídia na percepção pública é profunda, moldando como as pessoas entendem e interpretam eventos políticos e ações governamentais. Cobertura da mídia, jornalismo investigativo, viés da mídia e mídia social desempenham papéis críticos nesse processo. Entender essas dinâmicas é essencial para explorar o conceito mais amplo do Estado Profundo e seu impacto na confiança pública e na governança democrática.

Movimentos políticos e populismo

A ascensão de movimentos populistas e sua conexão com narrativas do Deep State tornaram-se cada vez mais proeminentes nos últimos anos. Esta seção explora o surgimento do populismo, o uso da retórica do Deep State por líderes políticos, o impacto nas eleições e no comportamento dos eleitores, e estudos de caso de movimentos e líderes políticos que alavancaram essas narrativas.

Ascensão do Populismo : O populismo é uma abordagem política que busca representar os interesses das pessoas comuns, muitas vezes em oposição a uma elite ou estabelecimento percebido. Os movimentos populistas ganharam força em muitos países, alimentados pela desigualdade econômica, desilusão política e ansiedades culturais. Esses movimentos muitas vezes capitalizam a frustração pública com as instituições políticas tradicionais e prometem restaurar o poder ao povo.

A conexão entre populismo e narrativas do Estado Profundo é evidente na retórica usada por líderes populistas. Ao enquadrar suas campanhas como batalhas contra uma rede oculta de elites poderosas, esses líderes exploram medos e suspeitas existentes. Essa narrativa ressoa com eleitores que se sentem marginalizados ou traídos pelo sistema político, reforçando seu apoio a candidatos populistas.

Retórica Política : Líderes políticos que adotam a retórica populista frequentemente usam narrativas do Estado Profundo para angariar apoio e desacreditar seus oponentes. Ao se retratarem como outsiders lutando contra um establishment corrupto e arraigado, eles se posicionam como campeões do povo. Essa retórica pode ser altamente eficaz na mobilização de eleitores e na criação de um senso de urgência e solidariedade.

Por exemplo, durante sua campanha presidencial de 2016, Donald Trump frequentemente invocou o conceito de Deep State para explicar a oposição às suas políticas e ações. Ele enquadrou sua campanha como uma luta contra uma elite corrupta que buscava minar sua presidência e a vontade do povo. Essa narrativa ressoou com muitos de seus apoiadores, que o viam como uma força disruptiva desafiando o status quo.

Da mesma forma, outros líderes populistas ao redor do mundo têm usado a retórica do Deep State para reforçar suas campanhas. Em países como Brasil, Hungria e Filipinas, líderes como Jair Bolsonaro, Viktor Orbán e Rodrigo Duterte têm empregado táticas semelhantes para reunir apoio e consolidar o poder. Ao enquadrar seus oponentes como parte de uma rede oculta trabalhando contra os interesses do povo, esses líderes têm sido capazes de galvanizar sua base e manter o ímpeto político.

Impacto nas Eleições : O uso de narrativas do Deep State pode ter um impacto significativo nos resultados das eleições e no comportamento dos eleitores. Ao explorar medos e suspeitas existentes, os líderes populistas podem mobilizar uma ampla coalizão de eleitores que se sentem desprivilegiados ou desiludidos com a política tradicional. Isso pode levar a vitórias eleitorais inesperadas e mudanças no cenário político.

A eleição presidencial dos EUA de 2016 é um excelente exemplo de como as narrativas do Deep State podem influenciar o comportamento do eleitor. A campanha de Donald Trump alavancou com sucesso essas narrativas para atrair uma coalizão diversificada de eleitores, incluindo aqueles que se sentiram deixados para trás pela globalização e pela mudança econômica. Sua vitória demonstrou o poder da retórica populista e o apelo das mensagens anti-establishment.

Em outros países, líderes populistas usaram narrativas do Deep State de forma semelhante para obter sucesso eleitoral. O referendo do Brexit no Reino Unido, por exemplo, foi influenciado pela retórica populista que enquadrou a União Europeia como uma instituição antidemocrática e elitista. O sucesso da campanha Leave destacou a eficácia dessas narrativas em moldar a opinião pública e impulsionar mudanças políticas.

Estudos de caso : Vários estudos de caso ilustram o uso de narrativas do Deep State por movimentos e líderes políticos. No Brasil, o presidente Jair Bolsonaro frequentemente invoca o conceito de uma elite corrupta trabalhando contra sua administração. Ao enquadrar seus oponentes como parte de uma rede oculta buscando minar sua presidência, Bolsonaro tem conseguido manter forte apoio entre sua base .

Na Hungria, o primeiro-ministro Viktor Orbán usou táticas semelhantes para consolidar o poder. Ao se retratar como um defensor da soberania nacional contra uma elite globalista, Orbán conseguiu justificar suas políticas controversas e manter o domínio político. Sua retórica ressoou com eleitores que se sentem ameaçados pela imigração e pela mudança cultural.

Nas Filipinas, o presidente Rodrigo Duterte empregou narrativas do Deep State para justificar sua abordagem agressiva à governança. Ao enquadrar sua campanha contra o crime e a corrupção como uma batalha contra uma rede oculta de interesses poderosos, Duterte conseguiu manter altos níveis de apoio público, apesar de suas políticas controversas.

Conclusão : A ascensão de movimentos populistas e o uso de narrativas do Deep State por líderes políticos tiveram um impacto significativo nas eleições e no comportamento dos eleitores. Ao explorar medos e suspeitas existentes, os líderes populistas podem mobilizar apoio e alcançar sucesso eleitoral. Entender a conexão entre populismo e narrativas do Deep State é essencial para explorar o conceito mais amplo do Deep State e suas implicações para a democracia e a governança.

Representação Cultural e Cultura Popular

O conceito de Deep State permeou a cultura popular, influenciando como as pessoas percebem o governo e a autoridade. Esta seção explora como livros, filmes, programas de TV e teorias da conspiração na cultura popular retratam o Deep State, a recepção pública dessas representações e seu impacto nas gerações mais jovens.

Livros e filmes : A literatura e o cinema há muito tempo são fascinados pela ideia de estruturas de poder secretas e governos ocultos. Romances clássicos como "1984" de George Orwell e "Admirável Mundo Novo" de Aldous Huxley exploram temas de vigilância, controle e manipulação da verdade, ressoando com a narrativa do Estado Profundo. Esses contos distópicos, embora fictícios, destacam os perigos potenciais do poder descontrolado e influenciaram o pensamento público sobre a possibilidade de um governo oculto.

No reino do cinema, filmes como "The Manchurian Candidate" (1962) e "Three Days of the Condor" (1975) mergulham no mundo da espionagem e operações secretas, retratando agências de inteligência como entidades poderosas capazes de manipular eventos das sombras. Filmes mais recentes como "Enemy of the State" (1998) e "Snowden" (2016) continuam essa tradição, refletindo preocupações contemporâneas sobre vigilância e alcance governamental.

Teorias da conspiração na cultura pop : teorias da conspiração se tornaram um elemento básico da cultura popular, frequentemente retratadas em livros, filmes e programas de TV. Essas teorias fornecem uma estrutura narrativa que explica eventos complexos através das lentes de agendas ocultas e organizações secretas. Programas como "The X-Files" (1993-2018) e "24" (2001-2010) retratam conspirações governamentais e operações secretas, cativando o público com sua representação de agendas ocultas e figuras obscuras.

"The X-Files", em particular, tornou-se um fenômeno cultural, com seu slogan "The Truth Is Out There" encapsulando a essência da teoria do Deep State. A exploração do programa sobre acobertamentos governamentais , encontros alienígenas e fenômenos paranormais ressoou com espectadores que já eram céticos em relação às narrativas oficiais. Da mesma forma, "24" retratou um mundo onde agências de inteligência e funcionários do governo se envolvem em operações secretas para proteger a segurança nacional, muitas vezes operando fora dos limites da lei.

Recepção Pública : A recepção pública de representações culturais do Deep State varia muito. Para alguns, essas representações reforçam suspeitas e medos existentes sobre o alcance excessivo do governo e estruturas de poder ocultas. A representação de operações secretas e conspirações na cultura popular pode validar a crença de que há entidades poderosas manipulando eventos nos bastidores.

Para outros, essas representações servem como entretenimento, proporcionando uma fuga emocionante da realidade. A dramatização de teorias da conspiração e operações secretas pode ser envolvente e instigante, mesmo que os espectadores não acreditem totalmente na existência de um Deep State. A popularidade desses temas em livros, filmes e programas de TV sugere um fascínio generalizado pela ideia de poder oculto e o potencial para engano governamental.

Influência na Juventude : A cultura popular tem um impacto significativo nas gerações mais jovens, moldando suas percepções de governo e autoridade. A representação do Deep State em livros, filmes e programas de TV pode influenciar como os jovens veem o mundo e seu relacionamento com instituições de poder. Essas representações culturais podem promover o ceticismo e o pensamento crítico, encorajando os jovens a questionar narrativas oficiais e buscar perspectivas alternativas.

No entanto, a influência da cultura popular também pode contribuir para a disseminação de desinformação e teorias da conspiração. A dramatização de questões complexas e a mistura de fatos e ficção podem tornar desafiador para os jovens discernir a verdade da especulação. Educadores e pais desempenham um papel crucial em ajudar os jovens a navegar por essas influências, promovendo a alfabetização midiática e habilidades de pensamento crítico.

Conclusão : As representações culturais do Deep State em livros, filmes, programas de TV e teorias da conspiração desempenham um papel significativo na formação da percepção pública e influenciam como as pessoas veem o governo e a autoridade. A recepção pública dessas representações varia, com alguns as vendo como validação de suas crenças e outros como entretenimento. O impacto nas gerações mais jovens ressalta a importância da alfabetização midiática e do pensamento crítico na navegação do complexo cenário da cultura popular e sua influência na percepção pública.

Impacto a longo prazo na democracia e na governação

O impacto de longo prazo das narrativas do Deep State na democracia e na governança é profundo, influenciando a confiança pública, desafiando a governança efetiva e provocando pedidos de reforma. Esta seção explora a erosão da confiança nas instituições democráticas, os desafios colocados à governança, potenciais reformas para aumentar a transparência e a perspectiva futura para a democracia no contexto das narrativas do Deep State.

Erosão da Confiança : A crença em um Estado Profundo corroeu significativamente a confiança pública nas instituições democráticas. Quando as pessoas percebem que uma rede oculta de elites poderosas está manipulando eventos nos bastidores, isso prejudica sua confiança na legitimidade de autoridades eleitas e processos governamentais. Essa erosão da confiança pode levar ao aumento do cinismo, ao desligamento do processo político e a uma sensação de impotência entre os cidadãos.

Eventos históricos e escândalos políticos contribuíram para essa erosão da confiança. O escândalo Watergate, o caso Irã-Contra e as revelações de vigilância em massa por Edward Snowden são apenas alguns exemplos que alimentaram suspeitas de má conduta e sigilo do governo. Esses eventos reforçaram a percepção de que funcionários do governo podem agir em seus próprios interesses em vez dos do público, aprofundando ainda mais a divisão entre cidadãos e seus líderes.

Desafios à Governança : A crença em um Estado Profundo coloca desafios significativos à governança efetiva. Quando grandes segmentos da população desconfiam de seu governo, torna-se mais difícil implementar políticas e alcançar consenso sobre questões importantes. Essa desconfiança pode levar ao aumento da polarização, dificultando que autoridades eleitas trabalhem juntas e atendam às necessidades de seus eleitores.

A disseminação de desinformação e teorias da conspiração exacerba esses desafios. Quando as pessoas são expostas a informações falsas ou enganosas, isso pode moldar suas crenças e comportamentos de maneiras que prejudicam os processos democráticos. Por exemplo, a disseminação de desinformação sobre a integridade das eleições pode levar à diminuição da participação dos eleitores e a desafios à legitimidade dos resultados das eleições. Isso, por sua vez, pode criar um ciclo de desconfiança e instabilidade que dificulta a governança eficaz.

Reformas Potenciais : Para abordar os desafios impostos pelas narrativas do Deep State e reconstruir a confiança pública, várias reformas potenciais podem ser consideradas. Aumentar a transparência e a responsabilização nas operações governamentais é um passo crucial. Isso pode envolver medidas como o fortalecimento das proteções aos denunciantes, o aprimoramento da supervisão das agências de inteligência e a garantia de que as ações governamentais estejam sujeitas ao escrutínio público.

Melhorar a alfabetização midiática e promover habilidades de pensamento crítico também são essenciais. Ao equipar os cidadãos com as ferramentas para avaliar informações criticamente, fica mais fácil neutralizar a disseminação de desinformação e teorias da conspiração. Iniciativas educacionais que focam na alfabetização midiática podem ajudar as pessoas a discernir fontes confiáveis de fontes não confiáveis e entender a importância da tomada de decisão baseada em evidências.

Reformar o financiamento de campanha e as práticas de lobby também pode ajudar a reduzir a influência de elites poderosas no processo político. Ao limitar o papel do dinheiro na política e aumentar a transparência em torno das atividades de lobby, torna-se possível criar um campo de jogo mais equilibrado e garantir que os funcionários eleitos sejam responsáveis perante seus eleitores em vez de interesses especiais.

Perspectiva futura : A perspectiva futura para a democracia e governança no contexto das narrativas do Deep State é incerta. Embora os desafios sejam significativos, também há oportunidades para mudanças positivas. A conscientização crescente sobre questões relacionadas à transparência e à responsabilização do governo pode impulsionar esforços para implementar reformas significativas e fortalecer instituições democráticas.

O papel da tecnologia na formação da percepção pública e da governança continuará a evoluir. Embora a tecnologia possa ser usada para espalhar desinformação, ela também tem o potencial de aumentar a transparência e facilitar maior engajamento dos cidadãos. Inovações como a tecnologia blockchain, por exemplo, podem ser usadas para criar sistemas de votação seguros e transparentes, reduzindo o potencial de fraude e aumentando a confiança pública no processo eleitoral.

Em última análise, a resiliência das instituições democráticas dependerá da capacidade dos governos, da mídia e da sociedade civil de abordar as questões subjacentes que contribuem para a desconfiança e a desilusão. Ao promover uma cultura de transparência, responsabilidade e pensamento crítico, é possível neutralizar o impacto negativo das narrativas do Deep State e construir uma democracia mais robusta e inclusiva.

Conclusão : O impacto de longo prazo das narrativas do Deep State na democracia e na governança é profundo, influenciando a confiança pública, desafiando a governança eficaz e provocando pedidos de reforma. Enfrentar esses desafios requer uma abordagem multifacetada que inclui aumentar a transparência, melhorar a alfabetização midiática e reformar as práticas políticas. O futuro da

democracia dependerá da capacidade de navegar nessas complexidades e construir um sistema político mais resiliente e inclusivo.

Capítulo 7: Críticas e desmascaramentos

Visões céticas

Visões céticas sobre a teoria do Deep State são essenciais para uma compreensão equilibrada do tópico. Os críticos argumentam que o conceito de um Deep State é frequentemente baseado em suposições infundadas, carece de evidências confiáveis e pode ser prejudicial ao discurso democrático. Esta seção explora os argumentos dos céticos, a importância do pensamento crítico e os perigos potenciais de abraçar teorias da conspiração sem evidências suficientes.

Argumentos dos céticos : os céticos da teoria do Estado Profundo frequentemente apontam que o conceito está enraizado em um mal-entendido de como o governo e as burocracias funcionam. Eles argumentam que o que é frequentemente percebido como uma rede oculta de poder é , na realidade, o resultado de processos burocráticos complexos e às vezes ineficientes. As agências e autoridades governamentais operam dentro de uma estrutura de freios e contrapesos, e suas ações estão sujeitas à supervisão de representantes eleitos, do judiciário e da mídia.

Um dos principais argumentos contra a teoria do Estado Profundo é a falta de evidências confiáveis. Enquanto os proponentes da teoria frequentemente citam evidências anedóticas e incidentes isolados, os céticos enfatizam a importância de uma análise rigorosa e baseada em evidências. Eles argumentam que muitas das alegações feitas pelos teóricos do Estado Profundo são especulativas e não apoiadas por fatos verificáveis. Por exemplo, a ideia de que um pequeno grupo de autoridades não eleitas pode controlar políticas nacionais e globais é vista como implausível, dada a complexidade e diversidade da governança moderna.

Importância do pensamento crítico : O pensamento crítico é essencial ao avaliar alegações sobre o Deep State. Ele envolve questionar suposições, avaliar evidências e considerar explicações alternativas. Os céticos argumentam que muitas pessoas são atraídas por teorias da conspiração porque elas fornecem explicações simples para questões complexas. No entanto, essas explicações geralmente ignoram as nuances e complexidades de eventos do mundo real.

O pensamento crítico também envolve reconhecer vieses cognitivos que podem distorcer nossa percepção da realidade. O viés de confirmação, por exemplo, leva os indivíduos a favorecer informações que confirmam suas crenças preexistentes, enquanto desconsideram evidências que as contradizem. Ao estarem cientes de tais vieses, os indivíduos podem abordar a teoria do Deep State com uma mentalidade mais aberta e analítica, considerando múltiplos pontos de vista e evidências.

Perigos potenciais das teorias da conspiração : abraçar teorias da conspiração sem evidências suficientes pode ter várias consequências negativas. Um dos principais perigos é a erosão da confiança nas instituições democráticas. Quando as pessoas acreditam que seu governo é controlado por uma rede oculta de elites, isso prejudica sua confiança na legitimidade dos funcionários eleitos e no processo democrático. Essa erosão da confiança pode levar ao aumento do cinismo, ao desligamento do processo político e a uma sensação de impotência entre os cidadãos.

Teorias da conspiração também podem contribuir para a polarização e divisão social. Ao enquadrar certos grupos ou indivíduos como inimigos, essas teorias criam uma mentalidade de "nós contra eles" que pode aprofundar as divisões sociais. Essa polarização pode tornar mais desafiador alcançar consenso sobre questões importantes e pode levar ao aumento de conflitos e hostilidade.

Além disso, teorias da conspiração podem distrair de problemas reais e atrapalhar esforços para resolvê-los. Quando as pessoas se concentram em alegações infundadas sobre um Deep State, elas podem ignorar problemas genuínos que exigem atenção e ação. Essa distração pode desviar recursos e energia de soluções significativas e impedir o progresso em questões críticas, como desigualdade econômica, mudança climática e justiça social.

Estudos de caso de teorias desmascaradas : Vários estudos de caso ilustram como teorias da conspiração foram desmascaradas por meio de investigação rigorosa e análise baseada em evidências. A teoria da conspiração " Pizzagate ", por exemplo, alegava que uma rede de tráfico de crianças envolvendo políticos de alto perfil estava sendo administrada em uma pizzaria em Washington, DC. Essa teoria ganhou força nas mídias sociais, mas foi completamente desmascarada por jornalistas investigativos e policiais. Apesar da falta de evidências, a teoria levou a consequências no mundo real, incluindo um incidente violento na pizzaria.

Outro exemplo é a teoria da conspiração "birther", que falsamente alegou que o presidente Barack Obama não nasceu nos Estados Unidos e, portanto, era inelegível para ser presidente. Essa teoria foi promovida por várias figuras públicas, mas foi desmascarada pela divulgação da certidão de nascimento de Obama e outros documentos oficiais. A persistência da teoria, apesar de evidências claras em contrário, destaca os desafios de combater a desinformação e as teorias da conspiração.

Conclusão : Visões céticas sobre a teoria do Estado Profundo enfatizam a importância do pensamento crítico, da análise baseada em evidências e dos perigos potenciais de abraçar teorias da conspiração sem evidências suficientes. Ao questionar suposições, avaliar evidências e considerar explicações alternativas, os indivíduos podem abordar o tópico com uma mentalidade mais equilibrada e analítica. Entender os argumentos dos céticos é essencial para explorar o conceito mais amplo do Estado Profundo e suas implicações para a democracia e a governança.

Verificação de fatos

A checagem de fatos é uma ferramenta crítica no esforço de desmascarar teorias da conspiração e garantir que o discurso público seja baseado em informações precisas. Esta seção explora o papel das organizações de checagem de fatos, as metodologias que elas usam e os desafios que elas enfrentam no combate à desinformação e às teorias da conspiração relacionadas ao Deep State.

Papel das organizações de verificação de fatos : As organizações de verificação de fatos desempenham um papel vital na verificação da precisão das alegações feitas por figuras públicas, veículos de mídia e usuários de mídia social. Essas organizações, como FactCheck.org, PolitiFact e Snopes, são dedicadas a investigar e desmascarar informações falsas ou enganosas. Ao fornecer análises baseadas em evidências, elas ajudam a esclarecer questões complexas e a promover um discurso público informado.

Os verificadores de fatos geralmente trabalham em colaboração com organizações de notícias, plataformas de mídia social e instituições acadêmicas para identificar e abordar a desinformação. Seu trabalho é essencial para manter a integridade das informações e garantir que o público tenha acesso a dados confiáveis e precisos. No contexto da narrativa do Deep State, as organizações de verificação de fatos examinam as alegações sobre redes ocultas, conspirações governamentais e operações secretas para separar os fatos da ficção.

Metodologias usadas na verificação de fatos : organizações de verificação de fatos empregam metodologias rigorosas para verificar a precisão das alegações. Essas metodologias geralmente envolvem várias etapas principais:

1. **Identificando alegações** : Os verificadores de fatos monitoram declarações feitas por políticos, veículos de mídia e usuários de mídia social para identificar alegações que justificam investigação. Eles priorizam alegações que têm o potencial de influenciar a opinião pública ou decisões políticas.

2. **Coletando Evidências** : Os verificadores de fatos coletam evidências de uma variedade de fontes, incluindo documentos oficiais, entrevistas com especialistas e dados disponíveis publicamente. Eles buscam fontes primárias e corroboram informações de várias fontes independentes para garantir a precisão.

3. **Analisando alegações** : Os verificadores de fatos analisam as evidências para determinar a validade das alegações. Eles avaliam o contexto em que as alegações foram feitas, a credibilidade das fontes e a consistência lógica dos argumentos.

4. **Publicação de Descobertas** : Os verificadores de fatos publicam suas descobertas em relatórios detalhados que explicam as evidências e o raciocínio por trás de suas conclusões. Esses relatórios geralmente incluem classificações que indicam a precisão das alegações, como "Verdadeiro", "Falso" ou "Calças em Chamas".

5. **Engajando-se com o público** : Os verificadores de fatos se envolvem com o público por meio de mídias sociais, fóruns públicos e iniciativas educacionais para promover a alfabeti-

zação midiática e o pensamento crítico. Eles encorajam os indivíduos a questionar suposições, avaliar evidências e buscar fontes confiáveis de informação.

Desafios no combate à desinformação : Apesar de seus esforços, as organizações de verificação de fatos enfrentam vários desafios no combate à desinformação e às teorias da conspiração. Um dos principais desafios é o grande volume de informações falsas que circulam nas mídias sociais e outras plataformas. A rápida disseminação de desinformação pode ultrapassar a capacidade dos verificadores de fatos de lidar com isso, levando a confusão e mal-entendidos generalizados.

Outro desafio é a persistência de vieses cognitivos que influenciam como as pessoas processam informações. O viés de confirmação, por exemplo, leva os indivíduos a favorecer informações que se alinham com suas crenças preexistentes e rejeitar evidências que as contradizem. Esse viés pode dificultar que os verificadores de fatos mudem de ideia , mesmo ao apresentar evidências claras e convincentes.

A politização da verificação de fatos também é um desafio significativo. Em ambientes altamente polarizados, organizações de verificação de fatos podem ser percebidas como tendenciosas ou partidárias, minando sua credibilidade e eficácia. Esforços para manter transparência, independência e adesão a padrões rigorosos são essenciais para construir e manter a confiança pública.

Estudos de caso de checagem de fatos bem-sucedida : Vários estudos de caso ilustram o impacto da checagem de fatos bem-sucedida na desmistificação de teorias da conspiração e na promoção de informações precisas. Um exemplo notável é a desmistificação da teoria da conspiração " Pizzagate ", que falsamente alegou que uma rede de tráfico de crianças envolvendo políticos de alto perfil estava sendo administrada em uma pizzaria em Washington, DC. Organizações de checagem de fatos, juntamente com jornalistas investigativos e policiais, desmistificaram completamente as alegações, destacando a falta de evidências e os perigos de espalhar informações falsas.

Outro exemplo é a verificação de fatos de alegações relacionadas à pandemia da COVID-19. Os verificadores de fatos desempenharam um papel crucial no enfrentamento da desinformação sobre o vírus, vacinas e medidas de saúde pública. Ao fornecer informações precisas e baseadas em evidências, eles ajudaram a neutralizar mitos prejudiciais e promover a tomada de decisões informadas.

Conclusão : A checagem de fatos é uma ferramenta crítica no esforço de desmascarar teorias da conspiração e garantir que o discurso público seja baseado em informações precisas. O papel das organizações de checagem de fatos, as metodologias que elas usam e os desafios que elas enfrentam destacam a importância da análise baseada em evidências no combate à desinformação. Entender o impacto da checagem de fatos é essencial para explorar o conceito mais amplo do Estado Profundo e suas implicações para a democracia e a governança.

Explicações alternativas

Enquanto a teoria do Deep State postula que uma rede oculta de entidades poderosas manipula eventos nos bastidores, céticos e críticos oferecem explicações alternativas para os fenômenos frequentemente atribuídos ao Deep State. Esta seção explora essas explicações alternativas, enfatizando a importância de considerar múltiplas perspectivas e as complexidades da governança e da formulação de políticas .

Inércia Burocrática : Uma das principais explicações alternativas para a influência percebida de um Estado Profundo é a inércia burocrática. A inércia burocrática se refere à tendência de grandes organizações, incluindo agências governamentais, de resistir à mudança e manter procedimentos e políticas estabelecidas. Essa resistência pode criar a aparência de uma rede oculta trabalhando contra autoridades eleitas, mas geralmente é o resultado de dinâmicas institucionais e não de uma conspiração coordenada.

As agências governamentais são compostas por servidores públicos de carreira que possuem conhecimento e experiência especializados. Esses indivíduos geralmente permanecem em seus cargos independentemente de mudanças na liderança política, proporcionando continuidade e estabilidade. Embora essa continuidade possa ser benéfica, ela também pode levar à resistência a novas políticas e reformas propostas por administrações entrantes. Essa resistência não é necessariamente motivada por uma agenda oculta, mas por uma preferência por práticas estabelecidas e uma abordagem cautelosa à mudança.

Complexidade da Governança : A complexidade da governança é outro fator que pode explicar os fenômenos atribuídos ao Deep State. Os governos modernos são responsáveis por gerenciar uma ampla gama de questões, desde segurança nacional e política econômica até saúde pública e educação. A enorme complexidade dessas tarefas requer o envolvimento de inúmeras agências, departamentos e funcionários, cada um com suas próprias áreas de especialização e responsabilidade.

Essa complexidade pode criar a percepção de uma rede oculta de poder, pois as decisões são frequentemente tomadas por meio de processos intrincados que nem sempre são transparentes para o público. A formulação de políticas envolve negociação, compromisso e o equilíbrio de interesses concorrentes, o que pode levar a resultados que podem parecer opacos ou contraditórios. Entender as complexidades da governança pode ajudar a desmistificar o processo de tomada de decisão e reduzir a percepção de uma agenda oculta.

Controles e Equilíbrios Institucionais : Controles e Equilíbrios Institucionais são fundamentais para a governança democrática e podem fornecer uma explicação alternativa para a influência percebida de um Estado Profundo. Esses mecanismos são projetados para evitar que qualquer ramo do governo se torne muito poderoso e para garantir responsabilidade e transparência.

Por exemplo, a separação de poderes entre os poderes executivo, legislativo e judiciário do governo cria um sistema de freios e contrapesos. Cada poder tem suas próprias funções distintas e pode limitar as ações dos outros. Este sistema pode, às vezes, criar atrito e desacelerar a tomada de decisões, mas tem a intenção de proteger contra abusos de poder e garantir que as políticas estejam sujeitas a escrutínio e debate.

Da mesma forma, órgãos de supervisão, como comitês do Congresso e agências de fiscalização independentes, desempenham um papel crucial no monitoramento de ações governamentais e na responsabilização de autoridades. Esses órgãos conduzem investigações, revisam políticas e fornecem recomendações para garantir que as operações governamentais sejam conduzidas de acordo com a lei e o interesse público.

Erro humano e má gestão : erro humano e má gestão também são fatores importantes a serem considerados ao avaliar alegações sobre o Deep State. Autoridades governamentais, como todos os indivíduos, são suscetíveis a cometer erros e decisões ruins. Esses erros podem resultar de falta de informação, comunicação incorreta ou julgamento falho, em vez de uma tentativa deliberada de manipular eventos.

Casos de má gestão podem criar a aparência de um esforço coordenado para minar políticas ou líderes, mas geralmente são o resultado de problemas sistêmicos dentro das organizações. Lidar com esses problemas requer melhorar o treinamento, a comunicação e a supervisão, em vez de atribuí-los a uma rede oculta de poder.

Estudos de caso de explicações alternativas : Vários estudos de caso ilustram como explicações alternativas podem explicar fenômenos frequentemente atribuídos ao Deep State. A resposta à pandemia da COVID-19, por exemplo, envolveu uma interação complexa de agências governamentais, especialistas em saúde pública e líderes políticos. As inconsistências e atrasos percebidos na resposta podem ser atribuídos aos desafios de gerenciar uma crise em rápida evolução, em vez de um esforço coordenado para manipular eventos.

Outro exemplo é a implementação de políticas econômicas durante crises financeiras. As decisões tomadas por bancos centrais e agências governamentais são frequentemente influenciadas por uma série de fatores, incluindo dados econômicos, consultoria especializada e considerações políticas. A complexidade dessas decisões pode criar a percepção de uma agenda oculta, mas elas são tipicamente o resultado de um processo multifacetado e transparente.

Conclusão : Explicações alternativas para os fenômenos atribuídos ao Deep State enfatizam a importância de considerar múltiplas perspectivas e as complexidades da governança e da formulação de políticas . A inércia burocrática, a complexidade da governança, os freios e contrapesos institucionais e o erro humano e a má gestão fornecem explicações plausíveis para a influência percebida de uma rede oculta de poder. Entender essas explicações alternativas é essencial para explorar o conceito mais amplo do Deep State e suas implicações para a democracia e a governança.

Conclusão

A teoria do Deep State, com suas alegações de uma rede oculta de entidades poderosas manipulando eventos nos bastidores, capturou a imaginação de muitos. No entanto, é essencial abordar tais teorias com um olhar crítico, considerando explicações alternativas e as implicações mais amplas para a democracia e a governança. Esta seção sintetiza os pontos-chave discutidos no capítulo, enfatizando a importância da análise baseada em evidências e os perigos potenciais das teorias da conspiração.

Síntese dos Pontos-Chave : Ao longo deste capítulo, exploramos vários aspectos da teoria do Estado Profundo, incluindo os argumentos dos céticos, o papel da verificação de fatos e explicações alternativas para os fenômenos frequentemente atribuídos a uma rede oculta de poder. Os céticos argumentam que o conceito de um Estado Profundo é frequentemente baseado em suposições infundadas e carece de evidências confiáveis. Eles enfatizam a importância do pensamento crítico e da análise baseada em evidências na avaliação de tais alegações.

Organizações de checagem de fatos desempenham um papel crucial em desmascarar teorias da conspiração e garantir que o discurso público seja baseado em informações precisas. Ao empregar metodologias rigorosas e se envolver com o público, essas organizações ajudam a esclarecer questões complexas e promover a tomada de decisões informadas. Apesar dos desafios que enfrentam, os verificadores de fatos são essenciais para combater a desinformação e manter a integridade das informações.

Explicações alternativas, como a inércia burocrática, a complexidade da governança, freios e contrapesos institucionais e erro humano e má gestão, fornecem razões plausíveis para os fenômenos atribuídos ao Deep State. Essas explicações destacam a importância de considerar múltiplas perspectivas e entender as complexidades das operações governamentais e da formulação de políticas .

Importância da Análise Baseada em Evidências : A análise baseada em evidências é fundamental para entender e avaliar alegações sobre o Deep State. Ao confiar em fontes confiáveis, metodologias rigorosas e pensamento crítico, os indivíduos podem separar os fatos da ficção e fazer julgamentos informados. Essa abordagem é essencial para combater a disseminação de desinformação e teorias da conspiração, que podem ter consequências prejudiciais para a governança democrática.

O método científico, que envolve formular hipóteses, reunir evidências e testar alegações, fornece uma estrutura robusta para avaliar a validade de teorias. Aplicar esse método à teoria do Deep State pode ajudar a identificar os pontos fortes e fracos dos argumentos e garantir que as conclusões sejam baseadas em evidências sólidas.

Perigos potenciais das teorias da conspiração : abraçar teorias da conspiração sem evidências suficientes pode ter várias consequências negativas. Um dos principais perigos é a erosão da confiança nas instituições democráticas. Quando as pessoas acreditam que seu governo é controlado por uma rede oculta de elites, isso prejudica sua confiança na legitimidade dos funcionários eleitos e no processo democrático. Essa erosão da confiança pode levar ao aumento do cinismo, ao desligamento do processo político e a uma sensação de impotência entre os cidadãos.

Teorias da conspiração também podem contribuir para a polarização e divisão social. Ao enquadrar certos grupos ou indivíduos como inimigos, essas teorias criam uma mentalidade de "nós contra eles" que pode aprofundar as divisões sociais. Essa polarização pode tornar mais desafiador alcançar consenso sobre questões importantes e pode levar ao aumento de conflitos e hostilidade.

Além disso, teorias da conspiração podem distrair de problemas reais e atrapalhar esforços para resolvê-los. Quando as pessoas se concentram em alegações infundadas sobre um Deep State, elas podem ignorar problemas genuínos que exigem atenção e ação. Essa distração pode desviar recursos e energia de soluções significativas e impedir o progresso em questões críticas, como desigualdade econômica, mudança climática e justiça social.

Perspectiva futura : A perspectiva futura para a democracia e governança no contexto das narrativas do Deep State é incerta. Embora os desafios sejam significativos, também há oportunidades para mudanças positivas. A conscientização crescente sobre questões relacionadas à transparência e à responsabilização do governo pode impulsionar esforços para implementar reformas significativas e fortalecer instituições democráticas.

O papel da tecnologia na formação da percepção pública e da governança continuará a evoluir. Embora a tecnologia possa ser usada para espalhar desinformação, ela também tem o potencial de aumentar a transparência e facilitar maior engajamento dos cidadãos. Inovações como a tecnologia blockchain, por exemplo, podem ser usadas para criar sistemas de votação seguros e transparentes, reduzindo o potencial de fraude e aumentando a confiança pública no processo eleitoral.

Em última análise, a resiliência das instituições democráticas dependerá da capacidade dos governos, da mídia e da sociedade civil de abordar as questões subjacentes que contribuem para a desconfiança e a desilusão. Ao promover uma cultura de transparência, responsabilidade e pensamento crítico, é possível neutralizar o impacto negativo das narrativas do Deep State e construir uma democracia mais robusta e inclusiva.

Conclusão : A teoria do Deep State, embora cativante, requer um exame cuidadoso e uma análise baseada em evidências. Ao considerar explicações alternativas e entender as complexidades da governança, os indivíduos podem abordar o tópico com uma mentalidade equilibrada e analítica. Abordar os desafios impostos pelas teorias da conspiração e promover o discurso público informado são essenciais para a saúde e a resiliência das instituições democráticas.

Capítulo 8: O Futuro da Teoria do Estado Profundo

Narrativas em evolução

A teoria do Deep State, como muitas teorias da conspiração, não é estática. Ela evolui e se adapta a novos contextos políticos, sociais e tecnológicos, refletindo a paisagem mutável de eventos globais e sentimento público. Esta seção explora como a teoria do Deep State se adapta a novos contextos, os temas emergentes e variações da teoria, a influência de eventos atuais e o papel da mídia e das mídias sociais na propagação e evolução dessas narrativas.

Adaptação a Novos Contextos : A teoria do Estado Profundo demonstrou uma notável capacidade de se adaptar a diferentes ambientes políticos e sociais. Inicialmente enraizada nos medos da era da Guerra Fria de infiltração comunista e alcance excessivo do governo, a teoria evoluiu para abranger uma ampla gama de questões contemporâneas. Na era pós-11 de setembro, por exemplo, o foco mudou para preocupações sobre vigilância em massa, sigilo governamental e erosão das liberdades civis. A teoria também se adaptou para incluir medos sobre globalização, desigualdade econômica e a influência de corporações multinacionais.

À medida que novas questões surgem, a teoria do Deep State as incorpora em sua narrativa, fornecendo uma estrutura para entender eventos complexos e frequentemente inquietantes. Essa adaptabilidade garante que a teoria permaneça relevante e ressoe com um público amplo, independentemente do contexto político ou social específico.

Temas Emergentes : Vários temas emergentes e variações da teoria do Estado Profundo ganharam destaque nos últimos anos. Um desses temas é a vigilância digital, que se tornou uma preocupação central na era da internet e da tecnologia avançada. As revelações de Edward Snowden sobre os programas de vigilância em massa da NSA alimentaram temores sobre a extensão em que os governos monitoram e controlam as comunicações digitais. Esse tema é frequentemente vinculado a preocupações sobre privacidade, segurança de dados e o poder das empresas de tecnologia.

Outro tema emergente é a governança global, que postula que uma rede oculta de elites opera em escala global, influenciando organizações internacionais e moldando políticas globais. Essa variação da teoria do Estado Profundo sugere que entidades como as Nações Unidas, o Fundo Monetário Internacional e o Banco Mundial são ferramentas de uma elite global que busca controlar governos e economias nacionais. Esse tema ressoa com aqueles que são céticos em relação à globalização e preocupados com a perda da soberania nacional.

Influência de eventos atuais : eventos atuais desempenham um papel significativo na formação e evolução das narrativas do Deep State. Escândalos políticos, avanços tecnológicos e grandes eventos globais podem influenciar como a teoria é percebida e propagada. Por exemplo, a eleição presidencial dos EUA de 2016 e as investigações subsequentes sobre a interferência russa trouxeram o conceito de Deep State para o discurso político dominante. Alegações de uma rede oculta trabalhando para minar o governo Trump ressoaram com muitos eleitores e alimentaram a popularidade da teoria.

Avanços tecnológicos, como a ascensão da inteligência artificial e do big data, também influenciaram as narrativas do Deep State. Preocupações sobre o potencial dessas tecnologias serem usadas para vigilância e controle foram incorporadas à teoria, refletindo ansiedades mais amplas sobre as implicações do progresso tecnológico.

Papel da Mídia e da Mídia Social : A mídia tradicional e a mídia social desempenham papéis cruciais na propagação e evolução das narrativas do Deep State. A cobertura da mídia de eventos políticos, escândalos e desenvolvimentos tecnológicos pode moldar a percepção pública e influenciar como a teoria é entendida. O jornalismo investigativo , em particular, pode revelar operações ocultas e fornecer evidências que apoiam ou refutam elementos da teoria.

Plataformas de mídia social, como Twitter, Facebook e YouTube, amplificaram o alcance e o impacto das narrativas do Deep State. Essas plataformas permitem que indivíduos compartilhem informações, se conectem com pessoas com ideias semelhantes e criem comunidades em torno de crenças compartilhadas. A natureza viral das mídias sociais significa que as narrativas do Deep State podem se espalhar rapidamente, alcançando um amplo público e influenciando a opinião pública.

Os algoritmos usados por plataformas de mídia social frequentemente priorizam conteúdo sensacionalista, o que pode exacerbar a disseminação de teorias da conspiração. Isso pode criar câmaras de eco onde os usuários são expostos principalmente a informações que reforçam suas crenças existentes, tornando mais desafiador neutralizar a desinformação e promover o pensamento crítico.

Conclusão : A teoria do Estado Profundo continua a evoluir e se adaptar a novos contextos políticos, sociais e tecnológicos. Temas emergentes, como vigilância digital e governança global, refletem preocupações contemporâneas e garantem a relevância da teoria. Eventos atuais e o papel da mídia e das mídias sociais desempenham papéis significativos na formação e propagação dessas narrativas. Entender a natureza evolutiva da teoria do Estado Profundo é essencial para explorar suas implicações futuras para a democracia, governança e confiança pública.

Impacto no discurso político

A teoria do Deep State teve um impacto profundo no discurso político, contribuindo para a polarização, influenciando campanhas políticas e afetando a confiança e o engajamento do público. Esta seção explora como a teoria contribui para a divisão política, seu uso na retórica política, seu impacto nas eleições e no comportamento do eleitor, e fornece estudos de caso de movimentos e campanhas políticas recentes que alavancaram narrativas do Deep State.

Polarização e Divisão : A teoria do Estado Profundo contribuiu significativamente para a polarização e divisão política. Ao enquadrar os conflitos políticos como batalhas entre cidadãos comuns e uma rede oculta de elites poderosas, a teoria cria uma mentalidade de "nós contra eles". Essa narrativa pode aprofundar as divisões existentes e tornar mais desafiador alcançar um consenso sobre questões importantes.

A polarização política é exacerbada quando indivíduos consomem notícias e informações que se alinham com suas crenças preexistentes. Plataformas de mídia social e veículos de mídia partidários frequentemente reforçam essas divisões promovendo conteúdo que apela a grupos ideológicos específicos. A teoria do Deep State, com sua ênfase em conspirações ocultas e manipulação de elite, ressoa fortemente com aqueles que se sentem marginalizados ou desconfiados de instituições políticas tradicionais.

Influência em campanhas políticas : Líderes políticos e candidatos têm usado cada vez mais a retórica do Deep State para reunir apoio e desacreditar seus oponentes. Ao se retratarem como out-siders lutando contra um establishment corrupto e arraigado, eles se posicionam como campeões do povo. Essa retórica pode ser altamente eficaz na mobilização de eleitores e na criação de um senso de urgência e solidariedade.

Durante a campanha presidencial dos EUA de 2016, Donald Trump frequentemente invocou o conceito de Deep State para explicar a oposição às suas políticas e ações. Ele enquadrou sua campanha como uma luta contra uma elite corrupta que buscava minar sua presidência e a vontade do povo. Essa narrativa ressoou com muitos de seus apoiadores, que o viam como uma força disruptiva desafiando o status quo.

Da mesma forma, outros líderes populistas ao redor do mundo têm usado a retórica do Deep State para reforçar suas campanhas. Em países como Brasil, Hungria e Filipinas, líderes como Jair Bolsonaro, Viktor Orbán e Rodrigo Duterte têm empregado táticas semelhantes para reunir apoio e consolidar o poder. Ao enquadrar seus oponentes como parte de uma rede oculta trabalhando contra os interesses do povo, esses líderes têm sido capazes de galvanizar sua base e manter o ímpeto político.

Confiança e engajamento público : O uso de narrativas do Deep State pode ter um impacto significativo na confiança pública no governo e no engajamento político. Quando as pessoas acreditam que seu governo é controlado por uma rede oculta de elites, isso prejudica sua confiança na legitimidade dos funcionários eleitos e no processo democrático. Essa erosão da confiança pode levar ao aumento do cinismo, ao desligamento do processo político e a uma sensação de impotência entre os cidadãos.

No entanto, as narrativas do Deep State também podem mobilizar certos segmentos da população para se tornarem mais politicamente ativos. Ao enquadrar os conflitos políticos como batalhas existenciais contra uma elite corrupta, essas narrativas podem inspirar indivíduos a agir , seja votando, protestando ou se engajando em ativismo político. Esse engajamento intensificado pode ter efeitos positivos e negativos, dependendo da natureza das ações tomadas e das motivações subjacentes.

Estudos de caso : Várias campanhas e movimentos políticos recentes alavancaram narrativas do Deep State para obter sucesso eleitoral e mobilizar apoio. No Brasil, o presidente Jair Bolsonaro frequentemente invocou o conceito de uma elite corrupta trabalhando contra sua administração. Ao enquadrar seus oponentes como parte de uma rede oculta que busca minar sua presidência, Bolsonaro conseguiu manter forte apoio entre sua base .

Na Hungria, o primeiro-ministro Viktor Orbán usou táticas semelhantes para consolidar o poder. Ao se retratar como um defensor da soberania nacional contra uma elite globalista, Orbán conseguiu justificar suas políticas controversas e manter o domínio político. Sua retórica ressoou com eleitores que se sentem ameaçados pela imigração e pela mudança cultural.

Nas Filipinas, o presidente Rodrigo Duterte empregou narrativas do Deep State para justificar sua abordagem agressiva à governança. Ao enquadrar sua campanha contra o crime e a corrupção como uma batalha contra uma rede oculta de interesses poderosos, Duterte conseguiu manter altos níveis de apoio público, apesar de suas políticas controversas.

Conclusão : A teoria do Deep State teve um impacto profundo no discurso político, contribuindo para a polarização, influenciando campanhas políticas e afetando a confiança e o engajamento do público. Ao enquadrar os conflitos políticos como batalhas entre cidadãos comuns e uma rede oculta de elites poderosas, a teoria cria uma mentalidade de "nós contra eles" que pode aprofundar as divisões e mobilizar apoio. Entender o impacto das narrativas do Deep

State no discurso político é essencial para explorar o conceito mais amplo do Deep State e suas implicações para a democracia e a governança.

Avanços tecnológicos e vigilância

Os avanços tecnológicos e a expansão das capacidades de vigilância são centrais para a narrativa em evolução da teoria do Estado Profundo. À medida que a tecnologia continua a avançar, as preocupações sobre privacidade, liberdades civis e o potencial de abuso de poder crescem. Esta seção explora o futuro das tecnologias de vigilância, o papel da inteligência artificial (IA) e do big data, as implicações da segurança cibernética e da guerra cibernética e as considerações éticas e legais que cercam esses desenvolvimentos.

Futuro das Tecnologias de Vigilância : O futuro das tecnologias de vigilância é marcado por avanços rápidos e sofisticação crescente. Tecnologias como reconhecimento facial, escaneamento biométrico e análise avançada de dados estão se tornando mais prevalentes, permitindo que governos e corporações monitorem indivíduos com precisão sem precedentes. Essas tecnologias podem ser usadas para vários propósitos, incluindo aplicação da lei, segurança nacional e aplicações comerciais.

A tecnologia de reconhecimento facial, por exemplo, tem o potencial de identificar indivíduos em tempo real, rastrear seus movimentos e analisar seu comportamento. Embora essa tecnologia possa aumentar a segurança e agilizar processos, ela também levanta preocupações significativas de privacidade. O potencial de uso indevido e a falta de estruturas regulatórias robustas exacerbam essas preocupações, levando a temores de um estado de vigilância em que cada movimento dos indivíduos é monitorado e registrado.

IA e Big Data : A inteligência artificial (IA) e o big data estão transformando o cenário da vigilância e da análise de dados. Algoritmos de IA podem processar grandes quantidades de dados de forma rápida e precisa, identificando padrões e fazendo previsões que seriam impossíveis para humanos. Essa capacidade é particularmente valiosa na vigilância, onde a IA pode analisar filmagens de vídeo, atividade de mídia social e outras fontes de dados para identificar ameaças potenciais e comportamento suspeito.

Big data se refere aos volumes massivos de dados gerados por atividades digitais, incluindo transações on-line, interações em mídias sociais e dados de sensores da Internet das Coisas (IoT). A integração de IA e big data permite uma vigilância mais abrangente e detalhada, permitindo que governos e corporações obtenham insights mais profundos sobre os comportamentos e preferências dos indivíduos.

No entanto, o uso de IA e big data na vigilância também levanta questões éticas e legais. O potencial de viés em algoritmos de IA, a falta de transparência na coleta e análise de dados e o risco de violações de dados são preocupações significativas. Garantir que essas tecnologias sejam usadas de forma responsável e ética é crucial para proteger a privacidade e as liberdades civis dos indivíduos.

Segurança cibernética e guerra cibernética : O futuro da segurança cibernética e da guerra cibernética está intimamente ligado à narrativa do Estado Profundo. À medida que as tecnologias digitais se tornam mais integradas à infraestrutura crítica, o potencial para ataques cibernéticos e espionagem cibernética aumenta. Grupos de hackers patrocinados pelo Estado e criminosos cibernéticos representam ameaças significativas à segurança nacional, estabilidade econômica e segurança pública.

A guerra cibernética envolve o uso de ataques digitais para interromper, danificar ou obter controle sobre os sistemas de informação de um adversário. Esses ataques podem ter como alvo agências governamentais, instalações militares, instituições financeiras e outras infraestruturas críticas. O vírus Stuxnet, uma operação conjunta entre as agências de inteligência dos EUA e de Israel, é um exemplo notável de uma arma cibernética projetada para interromper o programa nuclear do Irã.

A frequência e a sofisticação crescentes dos ataques cibernéticos destacam a necessidade de medidas robustas de segurança cibernética. Governos e organizações devem investir em tecnologias de segurança avançadas, desenvolver estratégias abrangentes de defesa cibernética e colaborar internacionalmente para lidar com a crescente ameaça da guerra cibernética.

Considerações éticas e legais : As considerações éticas e legais que envolvem tecnologias de vigilância e operações cibernéticas são complexas e multifacetadas. Garantir que essas tecnologias sejam usadas de uma maneira que respeite os direitos e liberdades dos indivíduos é um desafio significativo. As estruturas legais devem ser atualizadas para abordar as questões únicas colocadas pela vigilância digital e pela guerra cibernética.

Uma das principais preocupações éticas é o potencial de abuso de poder. A capacidade de monitorar e analisar as atividades dos indivíduos em grande escala pode ser usada para suprimir a dissidência, mirar oponentes políticos e infringir as liberdades civis. Estabelecer diretrizes claras e mecanismos de supervisão é essencial para evitar o uso indevido e proteger os direitos dos indivíduos.

Transparência e responsabilização também são críticas. Governos e organizações devem ser transparentes sobre suas práticas de vigilância e fornecer mecanismos para supervisão e reparação. Isso inclui informar o público sobre coleta e uso de dados, garantir que as atividades de vigilância estejam sujeitas a revisão independente e fornecer caminhos para que indivíduos desafiem a vigilância injusta.

Conclusão : Os avanços tecnológicos e a expansão das capacidades de vigilância são centrais para a narrativa em evolução da teoria do Estado Profundo. O futuro das tecnologias de vigilância, o papel da IA e do big data, as implicações da segurança cibernética e da guerra cibernética e as considerações éticas e legais que cercam esses desenvolvimentos destacam a necessidade de regulamentação e supervisão cuidadosas. Entender essas questões é essencial para explorar o conceito mais amplo do Estado Profundo e suas implicações para a privacidade, as liberdades civis e a governança democrática.

Globalização e Relações Internacionais

A teoria do Deep State frequentemente se estende além das fronteiras nacionais, sugerindo que uma rede oculta de entidades poderosas opera em escala global, influenciando organizações internacionais e moldando políticas globais. Esta seção explora o papel das redes transnacionais, as implicações das estruturas de governança global, a influência da cooperação e conflito internacionais, e fornece estudos de caso de eventos e políticas internacionais enquadrados dentro da narrativa do Deep State.

Redes Transnacionais : Redes transnacionais, como o Grupo Bilderberg, a Comissão Trilateral e o Fórum Econômico Mundial, são frequentemente citadas em narrativas do Estado Profundo como exemplos de reuniões de elite onde políticas globais são supostamente moldadas a portas fechadas. Essas redes reúnem líderes políticos, executivos de negócios e acadêmicos de todo o mundo para discutir e coordenar várias questões.

O Bilderberg Group, fundado em 1954, realiza reuniões anuais com a presença de figuras influentes da América do Norte e da Europa. As reuniões são privadas, e a falta de transparência alimentou especulações sobre a influência do grupo em assuntos globais. Da mesma forma, a Comissão Trilateral, estabelecida em 1973 por David Rockefeller, visa promover a cooperação entre a América do Norte, Europa e Ásia em questões econômicas e políticas. Os críticos argumentam que essas redes operam como governos sombra, tomando decisões que afetam a população global sem responsabilidade pública.

Governança Global : O conceito de governança global se refere à gestão coletiva de questões internacionais por meio de instituições e acordos que transcendem fronteiras nacionais. Organizações como a Organização das Nações Unidas (ONU), o Fundo Monetário Internacional (FMI) e o Banco Mundial desempenham papéis significativos na governança global, abordando questões que vão desde paz e segurança até desenvolvimento econômico e sustentabilidade ambiental.

Narrativas do Deep State frequentemente retratam essas organizações como ferramentas de uma elite global que busca controlar governos e economias nacionais. A ONU, por exemplo, é vista por alguns como um instrumento para impor normas e políticas internacionais que minam a soberania nacional. O FMI e o Banco Mundial são criticados por seus programas de ajuste estrutural, que são percebidos como priorizando os interesses de nações ricas e corporações multinacionais sobre os de países em desenvolvimento.

Cooperação e Conflito Internacional : A cooperação e o conflito internacional influenciam significativamente a percepção de um Deep State global. Esforços cooperativos, como tratados internacionais, acordos comerciais e operações militares conjuntas, são frequentemente enquadrados dentro da narrativa do Deep State como evidência de um esforço coordenado para moldar políticas globais. Por outro lado, conflitos e tensões geopolíticas são vistos como manifestações de lutas de poder dentro da rede oculta.

Por exemplo, acordos comerciais como a Parceria Transpacífica (TPP) e o Acordo de Livre Comércio da América do Norte (NAFTA) são vistos por alguns como mecanismos para consolidar o poder corporativo e minar a soberania nacional. Esses acordos são negociados em segredo, e suas disposições frequentemente favorecem corporações multinacionais, levando a suspeitas de uma agenda oculta.

Conflitos geopolíticos, como as tensões em andamento entre os Estados Unidos e a China, também são interpretados pela lente da teoria do Deep State. Os proponentes argumentam que esses conflitos são movidos por facções concorrentes dentro da elite global, cada uma buscando expandir sua influência e controle. O envolvimento de agências de inteligência, alianças militares e sanções econômicas nesses conflitos reforça a percepção de uma rede oculta manipulando eventos globais.

Estudos de caso : Vários eventos e políticas internacionais foram enquadrados dentro da narrativa do Deep State, ilustrando a influência percebida de uma rede global de poder. A crise da dívida europeia, que começou em 2009, viu países como Grécia, Espanha e Portugal implementarem severas medidas de austeridade como condição para receber assistência financeira do FMI e do Banco Central Europeu. Essas medidas levaram a dificuldades sociais e econômicas significativas, alimentando críticas ao papel das instituições na formação de políticas nacionais.

Outro exemplo é a resposta à pandemia da COVID-19. A coordenação global de medidas de saúde pública, distribuição de vacinas e esforços de recuperação econômica foi interpretada por alguns como evidência de um Deep State global orquestrando a resposta. Teorias da conspiração sobre as origens do vírus, o papel de organizações internacionais como a Organização Mundial da Saúde (OMS) e a influência de empresas farmacêuticas alimentaram ainda mais essas narrativas.

Conclusão : A teoria do Estado Profundo frequentemente se estende ao reino da globalização e das relações internacionais, sugerindo que uma rede oculta de entidades poderosas opera em escala global. O papel das redes transnacionais, as implicações das estruturas de governança global e a influência da cooperação e do conflito internacional são centrais para esta narrativa. Entender essas dinâmicas é essencial para explorar o conceito mais amplo do Estado Profundo e suas implicações para a governança global e as relações internacionais.

Perspectivas futuras e reformas

O futuro da teoria do Deep State e seu impacto na democracia e governança dependerão de como as sociedades abordam as questões subjacentes que alimentam tais narrativas. Esta seção explora potenciais reformas destinadas a aumentar a transparência e a responsabilização, o papel da educação e da alfabetização midiática no combate à desinformação, a importância do engajamento público e do ativismo, e as implicações de longo prazo para a democracia e a governança.

Reformas potenciais : para abordar os desafios impostos pelas narrativas do Deep State e reconstruir a confiança pública, várias reformas potenciais podem ser consideradas. Aumentar a transparência nas operações governamentais é um passo crucial. Isso pode envolver medidas como o fortalecimento das proteções aos denunciantes, o aprimoramento da supervisão das agências de inteligência e a garantia de que as ações governamentais estejam sujeitas ao escrutínio público. Iniciativas de transparência, como programas de dados abertos e acesso público aos registros governamentais, podem ajudar a desmistificar as operações governamentais e reduzir as suspeitas de agendas ocultas.

Mecanismos de responsabilização também são essenciais. Estabelecer órgãos de supervisão independentes, como inspetores-gerais e comissões de ética, pode ajudar a monitorar as atividades do governo e responsabilizar os funcionários por má conduta. Fortalecer o papel da supervisão legislativa e garantir que as agências governamentais estejam sujeitas a auditorias e revisões regulares pode aumentar ainda mais a responsabilização.

Papel da Educação e da Alfabetização Midiática : Educação e alfabetização midiática são ferramentas críticas para combater a desinformação e as teorias da conspiração. Ao equipar indivíduos com as habilidades para avaliar informações criticamente, as sociedades podem reduzir a disseminação de narrativas falsas e promover a tomada de decisões informadas. Programas de alfabetização midiática podem ensinar as pessoas a identificar fontes confiáveis, reconhecer preconceitos e verificar fatos. Esses programas podem ser integrados aos currículos escolares e oferecidos por meio de organizações comunitárias e plataformas online.

Promover habilidades de pensamento crítico também é essencial. Incentivar indivíduos a questionar suposições, avaliar evidências e considerar múltiplas perspectivas pode ajudá-los a navegar em questões complexas e resistir ao fascínio de explicações simplistas. Iniciativas educacionais que focam no pensamento crítico podem capacitar indivíduos a se envolverem com informações de forma ponderada e fazerem julgamentos informados.

Engajamento e ativismo público : O engajamento e o ativismo público desempenham um papel vital na formação do futuro da teoria do Deep State. Quando os indivíduos estão ativamente envolvidos no processo político, eles têm mais probabilidade de sentir um senso de propriedade e responsabilidade pelos resultados. Incentivar a participação cívica, como votar, comparecer a reuniões públicas e se envolver na organização comunitária, pode ajudar a construir um sistema político mais inclusivo e responsivo.

O ativismo também pode impulsionar mudanças significativas ao aumentar a conscientização sobre questões importantes e defender reformas. Movimentos de base, organizações de justiça social e grupos de defesa podem mobilizar apoio público e pressionar formuladores de políticas a abordar preocupações relacionadas à transparência, responsabilização e excesso de alcance do governo. Ao promover uma cultura de engajamento e ativismo, as sociedades podem criar uma democracia mais vibrante e participativa.

Implicações de longo prazo : As implicações de longo prazo da teoria do Estado Profundo para a democracia e a governança são complexas e multifacetadas. Por um lado, a teoria pode corroer a confiança nas instituições democráticas e contribuir para a polarização política. Quando as pessoas acreditam que seu governo é controlado por uma rede oculta de elites, isso prejudica sua confiança na legitimidade dos funcionários eleitos e no processo democrático. Essa erosão da confiança pode levar ao aumento do cinismo, ao desligamento do processo político e a uma sensação de impotência entre os cidadãos.

Por outro lado, a conscientização crescente sobre questões relacionadas à transparência e à responsabilização do governo pode impulsionar esforços para implementar reformas significativas e fortalecer instituições democráticas. Ao abordar as questões subjacentes que contribuem para a desconfiança e a desilusão, as sociedades podem construir um sistema político mais resiliente e inclusivo.

O papel da tecnologia na formação da percepção pública e da governança continuará a evoluir. Embora a tecnologia possa ser usada para espalhar desinformação, ela também tem o potencial de aumentar a transparência e facilitar maior engajamento dos cidadãos. Inovações como a tecnologia blockchain, por exemplo, podem ser usadas para criar sistemas de votação seguros e transparentes, reduzindo o potencial de fraude e aumentando a confiança pública no processo eleitoral.

Conclusão : O futuro da teoria do Estado Profundo e seu impacto na democracia e na governança dependerão de como as sociedades abordam as questões subjacentes que alimentam tais narrativas. Reformas potenciais voltadas para aumentar a transparência e a responsabilização, o papel da educação e da alfabetização midiática no combate à desinformação e a importância do engajamento público e do ativismo são todos componentes críticos desse esforço. Ao promover uma cultura de transparência, responsabilização e pensamento crítico, é possível neutralizar o impacto negativo das narrativas do Estado Profundo e construir uma democracia mais robusta e inclusiva.

G lossário de Termos

1. **Estado Profundo** : Uma teoria que sugere que uma rede oculta de funcionários governamentais não eleitos, agências de inteligência e outras entidades poderosas controlam secretamente as políticas nacionais e globais nos bastidores.

2. **Inércia burocrática** : A tendência de grandes organizações, incluindo agências governamentais, de resistir à mudança e manter procedimentos e políticas estabelecidos.

3. **Estado de vigilância** : um governo que monitora e registra extensivamente as atividades e comunicações de seus cidadãos, muitas vezes justificado por preocupações de segurança nacional.

4. **Inteligência Artificial (IA)** : A simulação de processos de inteligência humana por máquinas, especialmente sistemas de computador, incluindo aprendizado, raciocínio e autocorreção.

5. **Big Data** : conjuntos de dados grandes e complexos que exigem métodos e tecnologias avançadas para armazenamento, processamento e análise.

6. **Espionagem cibernética** : O uso de hacking e outras técnicas cibernéticas para coletar informações, interromper operações e influenciar eventos, geralmente conduzidos por grupos patrocinados pelo Estado.

7. **Governança global** : a gestão coletiva de questões internacionais por meio de instituições e acordos que transcendem fronteiras nacionais.

8. **Redes transnacionais** : grupos e organizações que operam além das fronteiras nacionais, geralmente envolvendo líderes políticos, executivos empresariais e acadêmicos para discutir e coordenar diversas questões.

9. **Denunciante** : Indivíduo que expõe informações ou atividades dentro de uma organização que são consideradas ilegais, antiéticas ou incorretas.

10. **Viés de confirmação** : tendência de favorecer informações que confirmam crenças preexistentes, ignorando evidências que as contradizem.

11. **Desinformação** : A disseminação deliberada de informações falsas ou enganosas para enganar as pessoas.

12. **PsyOps (Operações Psicológicas)** : Operações destinadas a transmitir informações e indicadores selecionados ao público para influenciar suas emoções, motivos e raciocínio objetivo.

13. **Programas de Ajuste Estrutural (PAEs)** : Políticas econômicas impostas por instituições financeiras internacionais, como o FMI e o Banco Mundial, como condições para assistência financeira, geralmente envolvendo medidas de austeridade e liberalização de mercado.

14. **Five Eyes** : Uma aliança de inteligência composta pela Austrália, Canadá, Nova Zelândia, Reino Unido e Estados Unidos, que facilita o compartilhamento de inteligência.

15. **Tecnologia de reconhecimento facial** : um aplicativo de software biométrico capaz de identificar ou verificar exclusivamente uma pessoa comparando e analisando padrões com base nos contornos faciais da pessoa.

Referências

Para aqueles interessados em explorar mais o tópico, aqui estão algumas fontes e leituras adicionais:

1. **Livros e artigos** :
   - "O Estado Profundo: A Queda da Constituição e a Ascensão de um Governo Sombra" por Mike Lofgren
   - "O caminho para o 11 de setembro: riqueza, império e o futuro da América" por Peter Dale Scott
   - "A Fábrica das Sombras: A NSA Ultra-Secreta do 11 de Setembro à Espionagem na América" por James Bamford
   - "A Equipe Secreta: A CIA e seus Aliados no Controle dos Estados Unidos e do Mundo" por L. Fletcher Prouty

2. **Relatórios e Documentos** :
   - Pew Research Center relata sobre a confiança pública no governo
   - Artigos de jornalismo investigativo do The Washington Post, The New York Times e The Guardian
   - Artigos acadêmicos sobre teorias da conspiração e psicologia política

3. **Sites e recursos online** :
   - FactCheck.org
   - PolitiFato
   - Snopes
   - Electronic Frontier Foundation (EFF) sobre tecnologias de vigilância
   - A cobertura do The Guardian sobre governança global e relações internacionais

4. **Documentários e Filmes** :
   - "Citizenfour" (2014) - Um documentário sobre Edward Snowden e as revelações da vigilância da NSA
   - "The Manchurian Candidate" (1962) - Um filme que explora temas de lavagem cerebral e manipulação política

◦ "Snowden" (2016) - Um filme biográfico sobre a vida de Edward Snowden e os vazamentos da NSA

Essas referências fornecem um ponto de partida abrangente para uma exploração mais aprofundada da teoria do Deep State e suas implicações para a democracia, governança e confiança pública. Boa leitura! ◈